3つの視点で実現する！
小学校国語科 アクティブ・ラーニング型 発問づくり

―「自分の考え」を育てる読みの授業の新提案―

香月正登・長安邦浩 編著
中国・国語教育探究の会 著

明治図書

はじめに

　「アクティブ・ラーニング」が次期学習指導要領のキーワードとして示された。しかし，小学校は，もともとアクティブ・ラーニングである。じっとして，先生のお話を聞いているだけの授業など考えられない。「どうして，いまさら？」である。

　しかし，これまでと大きく異なるのは，高等教育改革からの発信という点である。出口が変わろうとしているのである。入口を変えてもなかなか出口は変わらないが，出口が変わると，加速度的に入口まで及んでくる。しかも，問われるのは，現象としてのアクティブさではない。本質としてのアクティブさである。

　本書では，これまでの実践研究や最近の教育の動向を問い直し，実践課題としたのが次の3点である。

　まず1つ目は，「めあてと振り返り」の問題である。全国的に広がっている授業の導入と終末の問題だが，めあては，先生の押し付けになっていないだろうか？　振り返りは，曖昧な，あるいは，予定調和的な感想になっていないだろうか？

　2つ目は，「教科内容」の問題である。これは国語科の弱点である。教材内容にばかり目が向いて，どのような目の付け方，考え方，読み方が活用できる方法知なのだろうか？　それを，子どもたちに自覚させているだろうか？

　3つ目は，「交流性」の問題である。ペア対話，グループ活動など，様々な交流形態を取り入れているが，そこで，「話し合い」（対話）は成り立っているのだろうか？　そのために必要な条件は何なのだろうか？

　そして，これらの問題を包括するのが「論理ベース」で授業をつくるということである。それは，「説明する」「比較・検討する」「予測・推測する」などの論理が求められる流れで授業を構成することである。

　以上のような課題意識をもちながら，理論面，実践面を突き合せて整理した視点が「課題性」「論理性」「交流性」の3つである。さらに，それを具現化する方法として，教師の指導技術の中でもっとも核となる「発問」を取り上げている。教師の優れた発問は，何にも増して，子どもたちのよき学習材である。本書では，この3つの視点をすべての実践に浸透させて，「説明文」「物語文」「詩・俳句・短歌」の計18本の授業提案をしている。発問のタイミング，交流場面の組み方，板書など，細かな点にも注目して見ていただけると幸いである。

　最後に，こうした実践研究に価値を見出してくださり，出版の労を取ってくださった明治図書編集部・木山麻衣子様に心から感謝したい。

2016年5月

編著者　香月正登・長安邦浩

Contents
もくじ

はじめに …………………………………………………………………………………… 2

第1章 アクティブ・ラーニングと国語科の発問づくり …………… 5

1 アクティブ・ラーニングの国語科発問づくり
－アクティブ・ラーニングを実現する3つの視点－ …………………………… 6
2 「課題性」からのアプローチ －「軸となる発問」のつくり方－ …………… 10
3 「論理性」からのアプローチ －「再考する発問」のつくり方－ …………… 13
4 「交流性」からのアプローチ －発問を生かす「交流場面」のあり方－ ……… 16

第2章 アクティブ・ラーニングを実現する説明文の発問づくり …… 19

1 説明文のアクティブ・ラーニングのポイント
「Collaborative Reading」（共創的読み）を中心に ……………………… 20
2 第1学年 「いろいろなふね」（東京書籍）
写真（資料）と本文をつないで考える ………………………………………… 22
3 第2学年 「おにごっこ」（光村図書）
因果関係を読む ……………………………………………………………… 28
4 第3学年 「すがたをかえる大豆」（光村図書）
内面性と論理性を結び付ける ……………………………………………… 34
5 第4学年 「『ゆめのロボット』を作る」（東京書籍）
2つの文章を統合して，つなげて読む ……………………………………… 40
6 第5学年 「想像力のスイッチを入れよう」（光村図書）
生活感覚と，筆者の考えをつなぐ …………………………………………… 46
7 第6学年 「自然に学ぶ暮らし」（光村図書）
推論・評価して読み，自分の考えをつくる ………………………………… 52
コラム① 「比べる」で発問をつくってみる…「論理性」を高めるアイデア ……… 58

第3章 アクティブ・ラーニングを実現する物語文の発問づくり …… 59

1 物語文のアクティブ・ラーニングのポイント
物語の読みを深めて考える力を育てる－主体的・能動的な物語学習の素地としての文学体験－ …… 60

❷ 第1学年 「サラダでげんき」(東京書籍)
　順序に着目し，登場人物の役割をとらえさせる……………………………………… 62
❸ 第2学年 「かさこじぞう」(東京書籍)
　主張・根拠・理由付けを交流の軸にする…………………………………………… 68
❹ 第3学年 「サーカスのライオン」(東京書籍)
　繰り返し用いられる表現から，気持ちの変化を見出す………………………………… 74
❺ 第4学年 「一つの花」(光村図書)
　視覚化で読む世界を拓く……………………………………………………………… 80
❻ 第5学年 「大造じいさんとがん」(東京書籍)
　情景描写を起点に，心情の変化をとらえる………………………………………… 86
❼ 第6学年 「やまなし」(光村図書)
　対比マップで探究的・協働的に学び合う…………………………………………… 92
コラム② ファシリテーターを育てる…「交流性」を高めるアイデア………………… 98

第4章 アクティブ・ラーニングを実現する詩・俳句・短歌の発問づくり …… 99

❶ 詩・俳句・短歌のアクティブ・ラーニングのポイント
　授業の流れを発問と板書に凝縮する－課題の共有と個別の振り返りの徹底－ ……… 100
❷ 第1学年 「おさるがふねをかきました」(学校図書)
　表現技法からイメージ豊かに読む…………………………………………………… 102
❸ 第2学年 「詩を作ろう　見たこと，かんじたこと」(光村図書)
　「らしさ」を自覚する………………………………………………………………… 106
❹ 第3学年 「紙ひこうき」(東京書籍)
　視点の変化と気持ちの変化をつなぐ………………………………………………… 110
❺ 第4学年 「一茶の俳句を読んで楽しもう」(光村図書)
　作品同士を比べて読むことで味わう………………………………………………… 114
❻ 第5学年 「漢詩の授業　春暁・絶句」(光村図書)
　子ども自らつぶやき，作者の思いに触れる………………………………………… 118
❼ 第6学年 「生きる」(光村図書)
　詩の構造から読み深める……………………………………………………………… 122
コラム③ 音読にも発問を…「課題性」を高めるアイデア………………………………… 126

おわりに……………………………………………………………………………………… 127

第1章 アクティブ・ラーニングと国語科の発問づくり

1 アクティブ・ラーニングの国語科発問づくり
―アクティブ・ラーニングを実現する3つの視点―

1 国語科におけるアクティブ・ラーニング

　右の図は，国立教育政策研究所が提案する21世紀型能力の構造図である。思考力を中核とし，基礎力がそれを支え，実践力がそれを方向付ける。「生きる力」を具体化した提案であり，私たちが目指す指針でもある。大きく変化する社会を生き抜くには，身に付けた言語スキルだけでは到底太刀打ちできない。国語科では，何が問題で，どう言語を駆使すれば解決に向かうのか，それを考えて実践できる能力を育てる必要があると考えている。そして，こうした能力の育成に，アクティブ・ラーニングは欠かせない。

21世紀型能力
- 実践力
  - ・自律的活動力
  - ・人間関係形成力
  - ・社会参画力・持続可能な未来への責任
- 思考力
  - ・問題解決・発見力・創造力
  - ・論理的・批判的思考力
  - ・メタ認知・適応的学習力
- 基礎力
  - ・言語スキル
  - ・数量スキル
  - ・情報スキル

　アクティブ・ラーニングとは，一方向的な講義や知識習得型の授業とは異なり，「より活用的視点を取り入れ，学びの質や深まりを重視し，課題の発見や解決に向けた能動的な学び」のことである。発見学習，問題解決学習，体験学習，ディスカッション，グループワークなどを取り入れた主体的で，協働的な学びを求めている。しかし，ともすれば，アクティブ（活動）にばかり目を奪われて，ラーニング（学び）が欠落してしまうことがある。活動に支えられて学びが充実していくこともあるが，学びを充実させるために活動するのが本筋だろう。

	内的活動	
	低	高
外的活動 低	D	B
外的活動 高	C	A

　松下佳代（2015）は，アクティブ・ラーニングの能動性を〈内的活動における能動性〉と〈外的活動における能動性〉に分け，〈外的活動における能動性〉を重視するあまり，〈内的活動における能動性〉がなおざりになりがちなアクティブ・ラーニングに警鐘を鳴らしている。Dは，外的活動も内的活動も不活発な状態で，Aは，外的活動と内的活動が活発な状態である。目指すべきアクティブ・ラーニングはAであり，前著『単元を貫く！「問い」のある言語活動の展開』で，言語活動の充実を身体的活動性と知的活動性の相互作用ととらえた考え方とも通じてくる。

　国語科は，ことばの力，すなわち，ことばで思考し，表現し，他者とコミュニケーションす

る力を育む教科である。21世紀型学力を実質的なものにするには，言語活動を中心としたアクティブな学びを構想し，論理的・批判的思考力，メタ認知能力の育成により力を注いでいく必要がある。アクティブにする目的は，「より深く考える」ためのものであることを常に意識し，言語活動の質を問い続けていかなければならない。

2 アクティブ・ラーニングを実現する3つの視点

　アクティブ・ラーニングは，もともと大学などの高等教育からの提唱である。小学校では，すでに様々なアクティブな学びが展開されている。しかし，今のままでよいということではない。これからは，「何を学んだか」よりも「それを使って何ができるようになったか」，「何を教えたか」よりも「どう教え，どんな資質や能力を育んだか」ということがより問われることになる。教育課程企画特別部会の論点整理によれば，指導方法の不断の見直しとして次の3点が示されている。

　　ⅰ）習得・活用・探究という学習プロセスの中で，問題発見・解決を念頭に置いた深い学びの過程が実現できているかどうか。
　　ⅱ）他者との協働や外界との相互作用を通じて，自らの考えを広げ深める，対話的な学びの過程が実現できているか。
　　ⅲ）子供たちが見通しを持って粘り強く取り組み，自らの学習活動を振り返って次につなげる，主体的な学びの過程が実現できているか。

　こうした授業改善のポイントやアクティブ・ラーニングの本質を考えれば，そのもっとも重要なファクターは，「課題性」「論理性」「交流性」の3つである。これらを，アクティブ・ラーニングを実現する視点として質の高い学びを保障したい。定義すると以下のようになる。

○課題性… 何をするか，何ができるか，何が問題かなどを自らに課し，思考力の使い方を方向付けること
○論理性… 「ことばの仕組み」を見出し，根拠を確かにしたり，それらのプロセスをメタ認知したりすること
○交流性… 共有した目的に向かって，他者と活動をともにし（かかわり合い），異なった考えと対話すること

　もちろん，これらの視点は，独立して存在しているわけではない。それぞれが独自性を有しながらも，重なり合って学びは進行する。その中心は，あくまでも，「論理性」であり，3つの視点が総合的に機能したとき，アクティブ・ラーニングは実現する。「課題性」「論理性」で学びの軸を定め，「交流性」でより躍動感のある学びを目指している。

　本書では，すべての実践を「課題性」「論理性」「交流性」の3つの視点で切り込み，どのような学びが構想できるかを提案する。

3　深い思考を生み出す発問づくり

　アクティブ・ラーニングをどう具体化していけばよいのか。着目したのは，われわれの指導技術の中で，もっとも重要な「発問」である。発問は，教師から一人ひとりの子どもたちに向けた働きかけだが，その思考は個人内に留まらず，他者との対話を誘発する。発問の機能を学びのプロセスに組み込むことなしに，創造的な知が生まれることはない。

　では，具体的にどのような発問が必要になるだろうか。「課題性」「論理性」「交流性」の３つの視点から発問づくりを考えると，まず，より子どもたちの中に課題性を広げ，切実なものとしていく「思考・判断の発問」である。これによって，子どもたちは，教材を自らに引き寄せ，学びを焦点化することができる。次に，そこで表出した子どもたちの見方，考え方を再考し，論理性を高める「分析的・構造的な発問」である。これによって，確かな根拠を得ることができる。本書では，学びの様態に着目して，前者を「軸となる発問」，後者を「再考する発問」と名付けている。さらに，それらの発問は，子ども同士の交流性を生み出すかを検討し，協働的な活動のあり方を考える。思考をよりアクティブにするのである。図示すれば右のようになる。

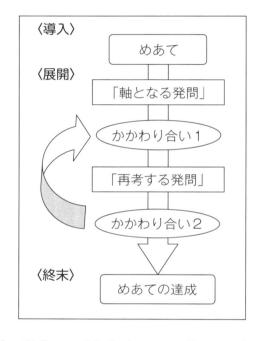

　例えば，「言葉で遊ぼう」（光村３年上）である。全５段落で，言葉遊びについて説明した文章である。典型的な説明の型（尾括型）を取り，「はじめ―中―終わり」も明示されている。授業では，まず，その「はじめ―中―終わり」を確認し，問いと答えの関係を押さえる。次に，言葉遊びの特徴をとらえて，言葉遊びを一文で表現することを提案する。めあては，「はじめ―中―終わりを読み，言葉遊びとは？をズバリまとめよう！」である。そのためには，中の事例を読み込まなければならない。

　そこで，軸となる発問としたのは，「中の事例を読むと，なるほど！という気持ちは上がっていきますか？」である。子どもたちは，上がるか，下がるか，変わらないか，判断を迫られる。それを納得度グラフとして視覚化させると，②→③→④と段落が進むにつれ納得度が上がっていく子がほとんど。「だんだんおもしろくなる。」「あ，そうかって思う。」などの理由である。もう少し具体化するために，「どこが？」と尋ねると，子どもたちは様々な情報を取り出し，かつ，自分の生活経験を交えて，言葉遊びの楽しさ，難しさを語り始める。しかし，こうした「かかわり合い１」の交流を，そのまま流してしまえばそれまで。なぜ，説明に納得し，

言葉遊びのおもしろさが広がっていくのか，そういう事例の述べ方に目を向けることなく終わってしまう。そこで，「再考する発問」の登場である。

「再考する発問」は，「ことばの仕組み」に直結した発問である。「かかわり合い1」で表出した子どもたちの見方，考え方をさらに論理的に組み直す。本時での「再考する発問」は，「それぞれの事例の中に，はじめ―中―終わりが見えますか？」である。子どもたちが取り出してきた情報を，段落ごとの「はじめ―中―終わり」という見方で整理させる。そうすると，子どもたちの中から「見える，見える！」「はじめ―中―終わりの中のはじめ―中―終わりだ！」などの声が上がって，「え，それってどういうこと？」と「かかわり合い2」が生まれる。それぞれの事例にも，その言葉遊びの説明（はじめ）があって，次に例が示され，終わりで言葉遊びのおもしろさがまとめてあることの説明が全体に広がっていくのである。

こうして言葉遊びの特徴を内容と形式の両面から読み，実感を深めていくことで，「言葉遊びとは，しぶい遊びです。」「言葉遊びとは，考えるのを楽しむ遊びです。」など，自分の考えが確かな理由をともなって形づくられる。

発問は，多様な学習活動（学習形態）の中心に位置する問いである。子どもの思考を活性化し，探究心に火をつけるような発問づくりを考えたい。

4 教材の特性を生かす

本書の中で，もっとも根底にあるのは，「教材の特性を生かす」という考え方である。教材の特性とは，「書き手の読み手への働きかけの工夫」である。それとかけ離れたところでは，アクティブ・ラーニングはおろか，学習そのものが成立しない。教材の特性の中にこそ，学ぶべき学習内容がある。そして，それを「生かす」とは，その特性を，子どもたちがどうとらえるか，どう学びたいかという子ども側の論理を吟味して，学習を組み立てるということである。まさに，学習のパラダイム（とらえ方，考え方）転換を意図している。

（香月正登）

〈引用・参考文献〉
○国立教育政策研究所『教育課程の編成に関する基礎的研究　報告書5　社会の変化に対応する資質や能力を育成する教育課程編成の基本原理』2013年3月，pp.26-30
○松下佳代編著『ディープ・アクティブラーニング―大学授業を進化させるために』勁草書房，2015年1月，pp.18-19
○文部科学省『教育課程企画特別部会　論点整理』2015年8月，pp.17-19
○溝上慎一著『アクティブラーニングと教授学習パラダイムの転換』東信堂，2014年10月

❷ 「課題性」からのアプローチ
―「軸となる発問」のつくり方―

1 「軸となる発問」のとらえ方

　読みのめあてを達成するための羅針盤となるものが「軸となる発問」である。それには，本時のエンドポイントに向けた見通しがもてるような「課題性」を帯びたものが求められる。「軸となる」とはどういうことか。それは，以下のとおりである。

> 　追究の目的や学びのエネルギーになり，課題解決につながる確かな情報を取り出せ，それらを関連付けることで，新たな自分の考えが生み出せる。

　つまり，「軸となる発問」により，子どもが「こんな方向で考えていくと本時のめあての解決につながりそうだな。」「教材文のあの辺りを読んだら答えが導き出せそうだな。」と教材を自らに引き寄せ，課題を焦点化できることが重要である。また，焦点化された課題に対する友達との交流から情報の関連付けが行われ，新たな自分の考えを導き出せるようにしていきたい。

2 「軸となる発問」のつくり方

　それでは，「軸となる発問」は，どのようにつくっていくのか。そのキーワードとなるのが思考・判断である。例えば，
○「筆者の主張に対して，この事例はふさわしいか，ふさわしくないか。」
○「中心人物の気持ちが変わったのは，どこからか。」
○「この詩で一番大事な言葉は何か。」
など，めあての解決に迫るために，「正しいか，正しくないか」「どこか」「どちらか」「どれか」「いつか」「どれくらいか」等の発問によって，子どもの思考・判断を問うのである。
　思考・判断については，以下の長崎伸仁氏の提言が参考になる。

> 　思考力と表現力とをともに育てるには，**「表現すること」**を目標とした学習指導であれば，思考力もともに育つはずである。とすれば，思考力と判断力とをともに育てるには，**「判断すること」**をキッカケにすれば，思考力は育つはずである。このように考えれば，「思考力・判断力・表現力」をともに育てるには，**「判断すること」を仕掛け**に学習指導を展開すれば，思考力も表現力も，当然，判断力もともに育てられるはずである。
> （長崎伸仁・吉川芳則・石丸憲一編著『読解と表現をつなぐ文学・説明文の授業』2013年，学事出版）

　長崎氏の提言で，思考力・判断力・表現力を高めるために，「判断すること」をきっかけと

すればよいという主張がなされている。「軸となる発問」もこの考えを大切にしたい。「軸となる発問」により，子どもに判断を迫ると，子どもは，答えを導くために必要な，確かな情報を本文全体から取り出し，判断するためにそれらを関連付けていくことを余儀なくされる。そうすることが，今まで気が付かなかった新たな自分の考えの創出につながっていくのである。

そのような「軸となる発問」をつくるためには，次の２つのステップが必要である。

> ステップ１　教材の特性から発問をつくる
> ステップ２　発問の精度を吟味する

【ステップ１】　教材の特性から発問をつくる

読みの授業では，文学，説明文，詩・俳句・短歌等，教材それぞれの特性が生き，国語科の指導目標に合った，教材のもつ本質を突く発問をつくることが大切である。それとともに，子どもがおもしろいと感じたり，疑問をもったりするところから切り込んでいきたい。

ここでは，「軸となる発問」をつくるイメージを「モチモチの木」（光村３年下）の授業例から述べていく。本作品では，最初の「おくびょう豆太」の場面にも，最後の「弱虫でも，やさしけりゃ」の場面にも，豆太が夜中にせっちんに行くためにじさまを起こすという共通の行動が出てくる。その教材の特性を生かして，場面同士の豆太の行動や気持ちを対比して読む方法を身に付けさせることをねらう。めあては，「山の神様の祭りを見る前と後の豆太の気持ちを比べよう」である。

おくびょうだった豆太は，はらがいたくなったじさまを助けるために，真夜中，半道もあるふもとの村の医者様のもとに走り山の神様の祭りを見たが，じさまが元気になると，そのばんからしょんべんにじさまを起こしている。子どもとしては，豆太は勇気のある子どもに本当になったのかどうかが釈然としないという読後感が残るであろう。そのような読後感を「軸となる発問」に生かし，この課題をすっきりさせたいという学びへの意欲につなげていく。

そこで，「軸となる発問」として，

> 豆太のおくびょうはなおったのか？

を問う。そうすることで，豆太の変容に対する判断を迫られ，じさまを助ける前と後の豆太の様子を比べなければならなくなる。子どもは，「豆太は，前半の場面で夜のモチモチの木を怖がっていたのに，真夜中に半道もあるふもとの村の医者様のもとに一人で走ったから勇気がある子どもになった。」「物語のはじめの場面でしょんべんにじさまを起こしていて終わりの場面も同じことをしているからおくびょうなままだよ。」などと教材文全体から情報を取り出し，比べ，関係付けを始める。そして，子ども同士の交流を通して対立する考え方に触れ，考えを深める。このように，教材の特性が生きるように発問をつくっていくのである。

【ステップ２】発問の精度を吟味する

「軸となる発問」としての精度を高めていくためには，例えば以下のような視点から，つくった発問を吟味していくことが有効である。

・子ども全員が判断して自分の考えをもって交流できるような投げかけになっているか。
・子どもが追究したことが表現活動につながるようなしかけとなっているか。
・テキスト全体を関係付けていくような思考ができるか。

また，「軸となる発問」は，授業の終末場面での課題解決を見据えて，「再考する発問」とつなげて考えられるべきである。「モチモチの木」の例では，「軸となる発問」で豆太の気持ちの変化について場面同士を対比する読み方で意識付けを行ったので，「再考する発問」によって新たな視点を与え，課題解決に向けたより深い思考を行わせる。ここでの「再考する発問」は，

> じさまは，豆太を勇気のある子どもと言っているのに，どうして，豆太はまたしょんべんにじさまを起こすのか？

というものである。この発問により，じさまの勇気のとらえ方をもう一度確認させ，ここでいうおくびょうの意味と勇気の関係を見つめ直させるのである。

すると，子どもたちは，「じさまが言う勇気は，誰かのためにやらなければならないことをやることだと思う。だから，しょんべんに一人で行けることと，じさまが言う勇気は違うのではないか。」「勇気があることと，おくびょうでなくなることは違うのではないか。」などと話し始める。そして，「豆太は，おくびょうであることは変わらないが，誰かのためにやるべきことができるような勇気は身に付けることができた」という豆太の成長の姿を，より明確に読み取ることができるようになる。

このように本時のめあての達成を見据えながら，「軸となる発問」と「再考する発問」をセットでつくっていけているかを見ることも，「軸となる発問」を吟味する上で重要な視点である。

3 「軸となる発問」のしかけ方

「軸となる発問」は，授業の中でどのようなタイミングでしかけていくのがよいであろうか。
「モチモチの木」の「豆太のおくびょうはなおったのか。」という「軸となる発問」を行うためには，今日のめあてを示した後，例えば，
○「山の神様の祭りを見る前の豆太は，どんな豆太？」
○「最後の場面の豆太は，どんな豆太？」
○「山の神様の祭りを見る前の豆太と最後の場面の豆太，何かおかしい？」
などと問い，「軸となる発問」につながる準備段階をつくっておく。これにより，子どもは，「軸となる発問」に対して判断しやすくなり，追究するエネルギーが高まる。「軸となる発問」につながる有効な投げかけを授業の導入段階でしかけたい。

（長安邦浩）

第1章　アクティブ・ラーニングと国語科の発問づくり

3 「論理性」からのアプローチ
―「再考する発問」のつくり方―

1 「再考する発問」のとらえ方

　「読むこと」の授業において，教材文の内容を理解するだけでは，その経験を他の教材の読みに生かすことは難しい。教材の内容だけでなく，その読みを見出すに至った方法までを，子どもたちにとらえさせ，他に転用できる力へと高めることが大事である。そのためにも，国語科の授業では，ことばの論理性（語と語，文と文，場面と場面，段落と段落の関係）への着眼と，それを通した「読めた！」という実感が欠かせない。そういう「ことばの仕組み」への着目を促すのが，「再考する発問」である。

　「再考する発問」は，課題解決に動き出した子どもたちに，新たな気付きを見出させる。読みに変容を起こし，より確信のもてる自分の考えへと高めることを目指すのである。「再考する発問」の要点は，次のように「論理性」を中心とした発問にすることである。

> ・テキストの構造に着目させ，
> ・そこに内包される「ことばの仕組み」を見出せるようにし，
> ・そうした読み方を自覚させる

　「再考する発問」によって，子どもたちは，それまでの話し合いの中であまり意識していなかった，例えば，物語文における中心人物の変容とその原因となる出来事との関係，説明文における主張と根拠の関係，詩における対比や類比の関係といった，テキストの構造に目を向け始める。こうした関係を探る中で，「軸となる発問」によって生まれた様々な考えを組み直し，「～という見方をするなら，……と考え直す方がよさそうだ。」「この関係に着目すると，自分たちの考えは整理できそうだ。」といった，さらに一歩踏み込んだ思考へ向かっていくのである。こうして，「こういう読み方で読むと，より深く考えられるんだな。」という実感が，読みの方法や有効性への自覚となり，読みの方法を他所へ生かす子どもを育てていくのである。

2 「再考する発問」のつくり方

　「再考する発問」が「軸となる発問」から導き出されることもあれば，「再考する発問」から「軸となる発問」が導き出されることもある。ポイントになるのは，「論理性」への着眼であり，次のようなステップが大切になる。

> ステップ１　読みの結節点を探す
> ステップ２　教科内容を吟味する

【ステップ１】　読みの結節点を探す

　読みの結節点とは，「書き手が意図を込め，文章上で重要な働きをしている箇所」である。読みが，その一点に焦点化されるように授業を組めば，子どもたちはテキストの核心に触れることになる。ここでは，「アップとルーズで伝える」（光村４年下）の授業をもとにその例を述べる。

　本教材の大きな特徴は，アップとルーズが「対比」で説明されている点である。５枚の写真も，それぞれ①②④⑤⑥段落の対比を補う形で配置されている。アップとルーズの説明は，テレビの事例をもとにした⑥段落までで十分に述べられているし，そこから⑧段落の主張を理解することもできる。しかし，こうした中，あえて１つの段落だけ挿入された新聞の事例（⑦段落）が目に付く。なぜ，ここに新聞の事例があるのか？　その役割を探ることは，筆者の考えに迫る上で重要になってくる。この⑦段落は，まさに，読みの結節点である。

　では，単元のめあてを「筆者の述べ方の工夫を探ろう！～私たちは，その工夫を生かせるか？」として授業を構想する場合を考える。文章の「はじめ―中―終わり」を探り，⑦段落も筆者の工夫ではないかという見方が浮上してきたところで，「新聞の事例を取り上げた筆者の考えを読もう！」をめあてに授業を行う。「軸となる発問」は，以下の発問である。

> ⑦段落でしか述べられていない新聞の事例は必要か？

　この発問は，筆者がどのように事実を取り上げ，意見を述べているのかを読み解く力を付けることをねらったものである。「軸となる発問」を受けて，不要の立場からは，どちらの事例も目的によってアップとルーズを使い分けるという同じ内容を述べているとの意見が挙がるだろう。それに対して，必要の立場からは，⑧段落の主張が「テレビでも新聞でも」と受けていることや，２つの事例がある方がより詳しいということを挙げ，新聞の事例はあった方がよいという結論に落ち着くことが予想される。しかし，この時点では，その理由は「１つより２つの方が詳しいから」という考えが中心で，文章全体における⑦段落の効果は，限定的にしか理解されていない。

　そこで，「再考する発問」とするのは，以下の発問である。

> 新聞の事例が大切なのだとすれば，述べるのは⑦段落１つだけでよいのか？

　それぞれの事例について述べる段落数の違いに改めて着目させ，「テレビと新聞の両方が大切ならば，バランスが悪くないか。」と揺さぶるのである。子どもは，「映像と画像の違いがわかればよく，目的に合わせて選ぶことは同じだから，１つの段落で十分だ。」「テレビの事例では，アップとルーズについて詳しく伝える。新聞の事例では，テレビ以外でも同様に選んでいることを伝える。２つの事例は，役割が違う。」といった考えに達するだろう。つまり，⑦段落の役割の吟味を通して，筆者の説明の工夫を見出していくのである。このように，読みの結節点を探し，それが思考の表舞台に現れるように，発問をつくっていくのである。

【ステップ２】 教科内容を吟味する

　アップとルーズの具体的な説明（テレビの事例）と，メディア全体に広げる一般化（新聞の事例）という事例の役割を見出すために，本時で用いた，「事例同士を比べて，それぞれの役割を探る」という読み方を，自覚化させることが大切である。

　そのために，子どもの思考が見える板書を構成することは，大きな手立てとなる。何をどのように考え，課題解決にたどり着いたのかを，視覚的に振り返ることができる。また，終末に，教科内容を意識して振り返りの場を設定することも有効である。例えば，筆者の説明への評価とその理由を記述する場を設けることが考えられる。「⑦段落の新聞の事例は，筆者の工夫だ。なぜなら，テレビだけでなく，情報の送り手なら誰でも，内容を選んでいるという主張がよくわかるからだ。」のように，何を，どう見出したかが記述されるだろう。

　いずれも大切なのは，教師自身が，本時の中心に置く教科内容を明確にしておくことである。そして，用いる読み方の有効性を子ども自身が実感できるかという視点で，発問を吟味したい。

3　「再考する発問」のしかけ方

　「軸となる発問」によって，子どもたちの中にテキストの情報がしっかりと蓄えられ，新たな展開に向かう読みの構えができあがったときが，「再考する発問」をしかけるタイミングである。大切なのは，授業構想の段階から，「軸となる発問」で引き起こされる子どもたちの反応を想定した上で，発問のタイミングをシミュレーションしておくことである。

　例えば，１つの立場への理由付けが多様に表出され，みんなの納得が広がる中で，他の立場が目立たなくなる局面がある。そこで，他の立場に目を向かせるような「再考する発問」を行えば，より多面的な思考が期待できる。また，２つの事例の文章上での効果が話し合われ，それぞれの違いが明らかになったとき，その違いを取り入れた筆者の意図に迫るような「再考する発問」を行えば，補完し合う２つの事例を取り上げた筆者の意図や思考を浮き彫りにできる。

　このように，「再考する発問」をしかけるためには，「軸となる発問」との関係を考えることが欠かせない。それは，子どもの思考とことばの論理をつなげる作業でもある。「再考する発問」は，「軸となる発問」で生まれた思考の流れを転換させる「ところで」の発問ではなく，その思考を発展させ，焦点化する「だとすれば」の発問である。この「だとすれば」を切り出せるタイミングをつくることが，「再考する発問」をしかけるポイントになる。

（花岡鉄平）

〈引用・参考文献〉
○香月正登「授業構想の新たな着眼点」『国語教育探究　第28号』2015年８月
○田近洵一著『創造の〈読み〉新論』東洋館出版社，2013年４月
○鶴田清司著『対話・批評・活用の力を育てる国語の授業』明治図書，2010年12月

❹ 「交流性」からのアプローチ
―発問を生かす「交流場面」のあり方―

1 「交流場面」のとらえ方

　読むという行為は，一人でも営むことができるものである。一方，教室での読むことの学習は，他の学習者とともに行われる。これらの違いは，他者の読みとの出会いの有無にある。こうした出会いをもたらす読みの交流は，これまでの国語科の授業においても試みられてきた。アクティブ・ラーニングの導入により，読みの交流は益々重要な位置を占めることとなろう。

　本書では，「交流性」を「共有した目的に向かって，他者と活動をともにし（かかわり合い），異なった考えと対話すること」と定義し，アクティブ・ラーニングを実現させるための要件の一つとしている。こうした「交流性」は，授業における「交流場面」として具現化される。

　交流場面の意義は，次の２つの側面に見出せる。第一に，学習者の読みの変容を促す点である。寺田守氏は，読みの交流過程についての詳細な分析をもとに，「他の学習者の読み」や「自分の読みに対する反応」を知ることで，自分の読みが促されることを指摘している。このように，交流場面における他の学習者とのやりとりは，自分の読みの深化や拡充といった変容をもたらすのである。第二に，学習者の読み方の自覚化を促す点である。松本修氏は，読みの交流に関する継続的な研究から，読みの変化には読み方の変化が伴うことを明らかにしている。これは，読みの交流において，どうしてそのように読んだのかが問題となった結果，自分や他の学習者がどのような読み方をしていたのかが自覚化されることを意味している。これらのことから，交流場面の意義として，「**読みの変容**」と「**読み方の自覚化**」を挙げることができる。

　では，そこではどのような交流が行われるのか。長崎伸仁氏は，「大切にしたいのは，同質性や異質性を『聴き分け』させること」であり，「自分の考えと同じか，違うか。どこが同じで，どこが違うか」を自覚させることが重要であると述べる。とりわけ「異質性」は，異なる読みをしたのはなぜかを交流させる起点となる。また，同じ読みであっても，根拠となる教材文の表現や，個々人の考え方に基づく理由付けが異なっていることがある。こうしたことから，**交流過程は，読みの「同質性」や「異質性」を比べるやりとりによって展開する**といえる。

2 「交流場面」のあり方

　異質な他者との読みの交流が，学びを促進する。このことを踏まえれば，前節までで検討された「発問」は，「交流場面」によってこそ生かされるものであるととらえることができる。その上で，交流場面は授業のどの局面で取り入れるのかによって異なる様相を見せるはずである。特に，本書が提案する「軸となる発問」と「再考する発問」とを生かすためには，それぞ

れの発問の後に設けられる交流場面の違いが意識されなければならない。では，２つの発問を生かす交流場面とは，それぞれどのようなものとして位置付けることができるのか。以下では，２つの交流場面である，「かかわり合い１」と「かかわり合い２」のあり方について検討する。

（１）「広げる交流」と「深める交流」

「軸となる発問」を生かす交流場面が，「かかわり合い１」である。「軸となる発問」は，学習者の判断を促し，教材文に対する自分の考えを引き出すところに特徴がある。この発問は，「異質性」を生み出すため，考えの違いを交流してこそ機能するという性質がある。そのため，「かかわり合い１」は，他者の読みに出会うことで考えを広げる局面であるといえる。

「再考する発問」を生かす交流場面が，「かかわり合い２」である。「再考する発問」は，授業のめあてに向かう新たな課題を提示するものであった。この発問は，「かかわり合い１」で得た気付きを発展させるだけでなく，教科内容の自覚化を促す性質がある。そのため，「かかわり合い２」は，それまでの自分の読みを見直すことを通して学びを深める局面であるといえる。

発問の性質からは，「かかわり合い１」が「広げる交流」，「かかわり合い２」が「深める交流」であるとの見通しが得られる。こうした違いの意識化も，授業づくりの観点の一つといえる。

（２）発問を生かす「交流場面」の具体

２つの交流場面は，どのように異なり，どのように関連しているのか。ここでは，交流場面の具体について，本書の授業案を例にとり，学習者の思考を想定しながら考察を加える。

まず，高学年の説明文を扱っている香月正登氏の提案（第２章・第５学年）を取り上げる。「かかわり合い１」は，「どのスイッチを中心に使いたいですか？」に対する考えと理由を交流させる場面である。学習者は，筆者が示した事例から一つを選び，他の事例よりも優れていると考える理由について，生活経験を交えて述べ合う。この過程では，異質な考えとの出会いによって，他の事例のよさに気付いたり，選択した事例と他の事例との性質の違いを発見したりするなど，個々の事例の見方が広がっていくものと想定できる。「かかわり合い２」は，「⑫段落の『最後に』は，『つまり』と言い換えることができますか？」という発問を受けて，事例相互の関係を吟味させる場面である。学習者は，先の交流を踏まえながら，最後の事例が筆者の主張の眼目といえるのかを話し合う。この過程では，自分の読みを教材文に照らして見直すことを通して，筆者の主張や事例相互の関係についての考えが深まっていくものと想定できる。

次に，低学年の物語文を扱っている住江めぐみ氏の提案（第３章・第２学年）ではどうか。「かかわり合い１」は，「地蔵様は，なぜ，餅やお飾りなどを届けたのでしょうか？」に対する主張を，根拠と理由付けとともに交流させる場面である。学習者は，根拠となる「じいさま」の言動を探す活動に取り組み，叙述を根拠にした読み方に出会う。この過程では，複数の叙述から人柄が読み取れることに気付いたり，同じ叙述に対する異なる理由付けがあることを知ったりするなど，物語の読み方についての理解が広がっていくものと想定できる。「かかわり合

い2」は,「地蔵様が餅やお飾りなどを届けたのは,じいさまだけのためなのでしょうか?」という発問を受けて,「ばあさま」の言動を対象に,根拠と理由付けを交流させる場面である。学習者は,叙述を根拠にした読み方を,他の登場人物の人柄を読むことに活用するのである。この過程では,読みそのものに加えて,読み方についての理解が深まっていくものと想定できる。

　これらの提案では,「かかわり合い1」で「広げる交流」が,「かかわり合い2」で「深める交流」が意図されているととらえることができる。また,「広げる交流」において個々の事例の見方や,叙述を根拠にした読み方に触れたことが,「深める交流」を機能させる要因となっていた。2つの交流場面の違いを踏まえながら連動を図ることが,授業の促進につながるといえる。その意味で,「交流性」を視点とした授業づくりでは,交流場面を設ける意図の明確化が鍵となる。

3 「交流場面」の生かし方

　読みの授業を促進させる交流場面は,次の3つの手立てによってさらに充実したものとなる。

　1つ目に,主体的な発言を促すことである。判断を問う発問のように選択肢を示したり,メモを書かせたりすることで発言の構えをつくらせることができる。また発言の際には,「自分のことば」を含めることを求めたい。教材文に沿った授業が基本であるが,それだけでは交流が活性化しない。既有知識や生活経験から生まれる理由付けが,読みの「異質性」を際立たせる。

　2つ目に,活動形態を工夫することである。人数で分ければ,ペア・グループ・全体という形態が挙げられる。個々人の参加の度合いを高めたい際にはペアやグループでの交流を,教師による整理が求められる際には全体での交流を取り入れることになる。また,ディベートやパネル・ディスカッションを活用して考えの違いを浮き彫りにしたり,ジグソー形式によって役割を与えたりすることも考えられる。活動形態も,交流の目的を踏まえて検討する必要がある。

　3つ目に,「話し合い」そのものの質を高めることである。話し合いが,教師の意図に反して意見の「出し合い」で終わることも少なくない。アクティブ・ラーニングの導入に際して,話し合いを円滑に進めるための方法を学習する機会が保障されなければならない。そこで求められるのは,話し合いについて話し合う活動である。話し合いの振り返りを通して方法を学び,学んだ方法を意識して再度交流に取り組むといったサイクルの中でこそ交流場面が生きてくる。長安邦浩氏が,「コラム②」で提案するファシリテーターの役割などの学習を大切にしたい。

　　　　　　　　　　　　　　　　　　　　　　　　　　　　　　　　　　　　（上山伸幸）

〈引用・参考文献〉
○寺田守著『読むという行為を推進する力』溪水社,2012年1月
○長崎伸仁著『新国語科の具体と展望』メディア工房ステラ,2010年5月
○長崎伸仁・村田伸宏編著『表現力を鍛える対話の授業』明治図書,2011年11月
○松本修編著『読みの交流と言語活動』玉川大学出版部,2015年12月

第2章 アクティブ・ラーニングを実現する説明文の発問づくり

1 説明文のアクティブ・ラーニングのポイント
「Collaborative Reading」（共創的読み）を中心に

1 説明文の特性とアクティブ・ラーニング

　説明文のアクティブ・ラーニングを考えるとき，テキストから学習者へのベクトルで終わるいわゆる理解学習では不十分である。指導者は，学習者がテキストと交流・対話することによってアクティブ・ラーニングが成立するということを意識しなければならない。

　説明文は筆者の目的・意図の違いによって様々な文種が存在するが，大きくは次の２つに分類することができる。ある事柄について未知の読者に対してその事柄を知らせようとするもの，自身の意見や考えを述べて読者を説得しようとするものの２つである。一般的に前者は「客観」，後者は「客観プラス主観」ととらえられているが，前者についても事柄の切り取り方やとらえ方，構成の仕方，読者に伝達するための表現の工夫等に，筆者の個性（主観）が見られる。右に示したものは説明文の指導要素といえるものであるが，指導者は図のような構造を意識しておく必要がある。テキストとは筆者という「ひと」の工夫によって編まれた産物であると意識することで，それぞれの要素との交流・対話は豊かなものになり，学習者が能動的に学習を進めていくことにつながるのである。

【図】説明文の指導要素

2 「Collaborative Reading」（共創的読み）のすすめ

　PISA2015で問われた課題の新分野に，「協調的問題解決」がある。それまでの「問題解決」（Problem Solving）に，「協調的」（Collaborative）が加わった。この意味は大きいと感じている。今，汎用的な資質・能力の育成を重視した教育改革の必要性が叫ばれている。参考とすべきコンピテンシーの一つにATC21Sの「21世紀型スキル」があるが，ここにも働く方法（Ways of working）の中に「コラボレーション」（Collaboration）が示されている。

　説明文の学習においても，このコラボレーションを意識したい。いわゆる「（読者である）学習者と学習者とがコラボする読み」である（ちなみにCollaborationは「協調」「協働」と訳されることが多いが，「学習者が積極的に参加して共に何かを創り上げていく」と意味付けたいため，「共創」とした）。

　それには，学習者にとって共通のめあてとなるべき，魅力ある単元の目的を設定することが

重要である。理解がすなわち表現・交流に結び付くものが望ましい。また，先に述べた指導要素に切り込んでいくための，学習者にとって共通の「価値ある問い」を設定することも重要になってくる。

　阿蘇実践の「乗り物を紹介した文章を書き，読み合おう」，後藤実践の「友達とペアで自分たちに合ったおもしろい鬼ごっこをつくり，紹介し合おう」，白坂実践の「○○のしかたを作文にまとめ，交流しよう」などは，まさに共創を意識した魅力的な単元の目的となっている。テキストとの交流・対話が，学習者自身の表現に生かされ，学習者相互の交流に発展していっているのである。

　「価値ある問い」という観点からも，上の3つの実践から理解をすなわち表現につなげるための指導者の工夫が見えてくる。阿蘇実践の「役目」「つくり」とその関係性に着目させるための「もう1枚写真を載せるなら，どちらの写真にするかな。」，後藤実践の「問題点」「ルール」「よさ」の因果関係と接続語に着目させるための「自分たちに合った鬼ごっこにするには，新しくどんなルールを付け加えるといいですか。」，白坂実践の事例の順序性と接続語の効果に着目させるための「どの大豆の工夫が一番すごいですか？」「他の接続語に言い換えることができますか？」が，それである。

3　もう一つの「Collaborative Reading」

　「もう一つのCollaborative Reading」とは，筆者と読者である学習者との「共創的読み」を指す。いわゆる「筆者と読者とがコラボする読み」である（説明文といえば「クリティカルリーディング」（Critical Reading）であるが，「学習者が筆者の目的・意図を理解し，筆者の立場を尊重しつつテキストを吟味・評価し，共創していく」という観点から，この用語を用いたい）。

　上学年になると，筆者という「ひと」を意識した実践が増えてくる。田中実践で強調されている「提案」は，まさに筆者と学習者との共創を意識したものである。「提案」は代案を示さなければならないという点において，「批判」よりも高度である。香月実践も，筆者と学習者自身という「ひと」と「ひと」との交流・対話を意識している。筆者の構成の吟味を主とするその対話は，「私の『想像力のスイッチ』活用術」の「私の」に生かされている。槙原実践では，学習者が推論を通して筆者という「ひと」と深く交流しようとしている。さらに，吟味・評価を経て，三次では筆者に手紙を書いている。これら3つの実践は，「筆者と読者がコラボする読み」を重視しているといえるのである。

（岸本憲一良）

〈参考〉
○P.Griffinほか編・三宅なほみ監訳『21世紀型スキル』北大路書房，2014年4月
○拙稿「提案読みを提案する」『教育科学国語教育　No.786』明治図書，2015年6月

第①学年　「いろいろなふね」（東京書籍）

❷ 写真（資料）と本文をつないで考える

1 アクティブ・ラーニングを取り入れるポイント

　「読み取る力」とは、「関係を把握する力」であり、それには全体から部分を読むことが必要である。文章全体の構造を踏まえながら、細部を読み取ってこそ部分的な理解で終わるのではなく、部分と部分の関係、全体と部分の関係を把握することが可能になる。低学年では、内容の大体をとらえた上で、文と文のつながりを意識して読むことができるようにしたい。

　本教材「いろいろなふね」は、特徴的な機能をもった４種類の船を例として取り上げ、役目や構造、装備について説明した文章である。１文で段落替えがされており、文と文のつながりをとらえやすい。「事柄の順序」を的確に読んだり、「役目」と「構造・装備」の関係や「構造・装備」と「機能」の関係をとらえたりしながら、叙述に即して内容を理解し、その書き方を活用して表現へつなげるようにしたい。

① **課題性について**

　本実践の中心課題は、事例や説明の仕方の順序を正しくとらえることと、「役目」と「つくり」の関係を考えることである。学習した順序や書き方（論理）を活用して「自分が選んだ乗り物を紹介しよう」が表現につながる言語活動となる。乗り物を紹介するためには、「『役目』は何か」「そのための『つくり』には、どのようなものを選んで紹介するか」を思考・判断することが必要になる。そこで、「本文には、『つくり』の写真がない。だから、よりわかりやすくするために、『役目』や『つくり』を説明する写真を選んで付け加えよう」という課題を設定し、「役目」を的確にとらえ、「役目」と「つくり」とのつながりを読むことを意識付ける。

② **論理性について**

　本教材の特性として、「はじめ」「中」「終わり（まとめ）」の尾括型の構成、事例が同じ文章構成・文型で説明されていることが挙げられる。さらに、それぞれの船の写真が資料として掲載されている。まず、「はじめ」の段落を読むことで「４つの船の役目とつくりを探しながら読む」という読みのめあてを確認する。そして、「中」の事例を表に整理しながらまとめ、最後に「終わり（まとめ）」の「役目に合うようにつくられていたか」を吟味することが、さらに論理性を高めることへとつながる。

③ **交流性について**

　本単元では、本文の内容を確認する読みの段階で、４つの船について、ペアで協力して表を完成させ、それをもとに全体で確認する。また、「役目」と「つくり」のつながりを読む学習では、ペアで互いの考えを交流し、「自分の考え（解釈）を相手が理解できるか」確認した上

で，全体交流に参加できるようにする。さらに，「もう1枚写真を選ぶならどちらにするか」を判断する学習において，その判断の理由を全体で交流する場面で，同じ写真を選んでも理由が違うということが生まれ，自分の考えを広げたり深めたりすることが期待できる。

2 教材の構造

（はじめ）話題提示
① ふねには，いろいろなものがあります。

中1　②〜④　きゃくせん
・たくさんのひとをはこぶ
・きゃくしつやしょくどう
・休んだり，しょくじをしたり

中2　⑤〜⑦　フェリーボート
・たくさんの人とじどう車をいっしょにはこぶ
・きゃくしつや車をとめておくところ
・きゃくしつで休む

中3　⑧〜⑩　ぎょせん
・さかなをとる
・さかなのむれを見つけるきかいやあみ
・見つけたさかなをあみでとる

中4　⑪〜⑬　しょうぼうてい
・ふねの火じをけす
・ポンプやホース
・水やくすりをかけて火をけす

（終わり）
⑭ いろいろなふねが，それぞれのやく目にあうようにつくられています。

3 発問づくりのポイント

① 課題性から論理性へ

　本単元は，事例の順序と事柄の関係をとらえることが学習の中心となる。そこで，題名から問いをつくったり，①段落そのものを「『いろいろなふね』ってどんなふねかな。」と問いにしたりして，読みの方向付けをする。そして，事例を整理した上で，「どうして，このつくりが必要なのか？」と「役目」と「つくり」のつながり（論理）を考えるようにしたい。さらに，「役目」と「つくり」のつながりを考えた上で，それぞれのふねの事例と「役目に合うようにつくられているのか」という⑭段落とのつながり（論理），整合性を吟味したい。

② 交流の必然性をつくる

　「どちらの写真を選ぶか」という発問（学習活動）によって，他者は「どれを選んだのか」「どうして選んだのか」が気になる，知りたくなる気持ちを喚起させる。

4 単元の目標

- 事柄の順序や内容を整理し、「役目」と「つくり」や「機能」とのつながりを読むことができる。
- 他の乗り物を説明する資料から「役目」と「そのための『つくり』」を読み取り、「乗り物を紹介する文章」にまとめることができる。

5 単元の計画（全8時間）

次	時	学習のめあて	ALの評価ポイント
一	1	・いくつの船が、どんな順番で紹介されているか確かめよう。	○題名から問いをつくることができる。 ○「きゃくせん」「フェリーボート」「ぎょせん」「しょうぼうてい」の順番で4つの船が紹介されていることを読んでいる。
	2	・「きゃくせん」「フェリーボート」「ぎょせん」「しょうぼうてい」の説明が、何段落から何段落までかを見付けて、本文を3つに分けよう。	○「はじめ」「中」「終わり」の構成になることを理解し、「はじめ」を読むことで、「4つの船の役目とつくりを探しながら読もう」という読みのめあてをもつことができる。
二	3	・説明している順序に気を付けて読み、4つの船について表にまとめよう。	○4つの船の、「役目」「つくり」「機能」について表に整理することができる。
	4	・船の「役目」を確かめて、どうしてこの「つくり」が必要なのか考えよう。	○4つの船について、その「つくり」が必要な理由を「役目」と「つくり」のつながりをとらえて考えることができる。
	5（本時）	・もう1枚写真を選んで、もっとわかりやすい説明文にしよう。	○ふねの「役目」や「役目に合う『つくり』」をわかりやすく紹介するために必要な写真を選び、理由を説明することができる。
三	6 7	・「いろいろなふね」の書き方を真似して、「乗り物を紹介する文章」を書こう。	○資料を読んで、乗り物の名前、役目、つくり、機能を抜き出し、紹介文（ワークシート）にまとめることができる。
	8	・「乗り物を紹介しよう」を読み合いっこしよう。	○「役目」と「つくり」の関係を評価している。

第2章　アクティブ・ラーニングを実現する説明文の発問づくり

6　授業の流れ（第二次・第5時）

☆**授業のねらい**

「役目」と「つくり」に合う写真を選ぶことを通して，写真と叙述（「役目」「つくり」）の関係，「役目」と「つくり」の関係を読み，選んだ理由を説明することができる。

☆**授業の展開**

①⑭段落と事例との整合性を話し合う。（5分）	**発問　それぞれのふねは役目に合うようにつくられていましたか？**
	・第二次で作成した表を使って「中」の事例の4つの船の「役目」と「つくり」を確認する。その際，それらのつながりがわかるように矢印や□囲みを付けたりする。「役目」「つくり」を確認したところで，⑭段落を音読し，「中」との整合性を話し合う。さらに，本文は「役目」や「つくり」を説明しているが，それにかかわる写真がないことに触れ，「『つくり』の写真はある？」「『つくり』の写真があるのと，ないのとではどちらがわかりやすいか」を問い，本時のめあてを板書する。

②4つの船の説明に合う写真を選ぶ。（15分）	**発問　もう1枚写真を載せるなら，どちらの写真にするかな。**　【軸となる発問】
	・「役目」と「つくり」を確認した上で，それぞれの船に関係のある2枚の写真を提示し，どちらがよいか選択させる。それを選んだ理由も書くようにしたい。その際には，本文のどこを読んでそう考えたのか伝えられるように，ワークシートや板書に本文を提示し，線を引くことができるようにする。本文に線を引くだけでなく，「役目」と「つくり」さらに「機能」に着目している記述を評価する。

③選んだ写真を発表し，写真と事例との関係について話し合う。（15分）	**発問　どちらの写真を選びましたか？**
	・自分の考えがもてたところで，2枚の写真のどちらを選んだか，ネームプレートや挙手で確認する。「なぜ，その写真を選んだのか」ペアでプレゼンをした後に，全体で交流する。「本文には」や「○○の役目は……だから」というような，本文を指し示しながらの説明を評価する。

> 発問　この写真も，○○にあるものですが，どうしてこの写真ではだめなのですか。　　　　　　　　　　　　　　　　　　【再考する発問】

- 全体交流を通して，「役目」や「つくり」に関係のあるものを選ぶことに子どもたちが納得した段階で，どちらの写真も，それぞれの船に関係のあることを確認し，「なぜ，もう一方の写真ではだめなのか」理由を問う。先述の「なぜ，その写真を選んだのか」の理由とあわせながら，再度本文に着目し，教科書の写真では不足している情報はないかを検討する。これらの活動を通して，感覚ではなく，本文の内容をもとに判断することが必要なことを確認し，「だから，この写真があるとわかりやすい」という終着点を目指す。

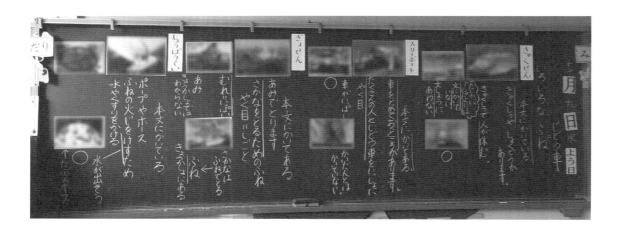

④わかりやすく紹介するための方法をまとめる。（10分）

> 発問　どんな写真を選ぶと，もっとわかりやすい説明文になりそうですか。どんな「つくり」を選ぶとよいですか。

- 写真を選ぶときに必要だったことを振り返りながら，「役目」につながる「つくり」を選ぶこと。たくさんある場合も，どれを紹介するとその乗り物の特徴を表すかを考えて選ぶことを確認し，次の学習へと生かせるようにしたい。

第2章　アクティブ・ラーニングを実現する説明文の発問づくり

7 評価のポイント

①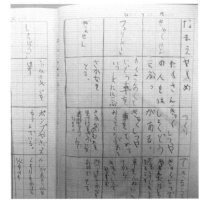

③

②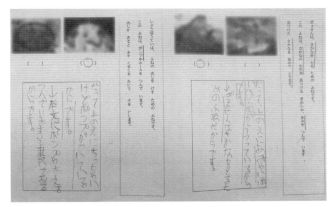

①４つの船についてまとめた表。ワークシートに枠を作成したものでもよい。内容を書くだけでなく，４つの項目「なまえ」「役目」「つくり」「できること」も子どもたちと一緒に検討したい。

②本時でのワークシート。判断のもとになった本文に線を引いている。また，本文と写真を比較して理由を書いている。さらに，友達の考えで参考になったものを赤で付け加えさせてもよい。

③「乗り物を紹介する文章を書こう」での作品。「役目」と「つくり」の関係を読み取り記述しているところを評価したい。

(阿蘇真早子)

〈引用・参考文献〉
○白石範孝著『白石範孝の国語授業の教科書』東洋館出版社，2012年１月
○長崎伸仁編著『「判断」でしかける発問で文学・説明文の授業をつくる』学事出版，2014年11月
○長崎伸仁著『新国語科の具体と展望』メディア工房ステラ，2010年５月

第②学年　「おにごっこ」（光村図書）

3 因果関係を読む

1 アクティブ・ラーニングを取り入れるポイント

　生きて働く力となる読解力の育成のためには，授業の中で，読むための方法を学ばせるとともに，文章を通した深い思考を行うことが重要である。深い思考のためには，文章がどんな論理関係を設定し，内容の真偽や広い状況も含め，その論理関係が適切なのかどうかを考えて読むことが必要であり，内容へ向かう読みが欠かせない。内容への関心は，文章を読む動機や意欲にもつながってくる。

　本教材「おにごっこ」は，「遊び方（ルール）」と「その遊び方（ルール）[1]をする理由」の観点で事例が紹介されおり，各事例が遊び手の立場から書かれている。ルールを観点に工夫して遊ぶ余地を残した紹介の仕方は，既有知識の豊富な児童の「このルールでは問題が起こるよ」という問題意識を誘発する。経験を通した鬼ごっこに関する児童の知識に働きかけ，教材の特性である因果関係に着目して書かれている事柄を読み，読解力を伸ばしたい。

① 課題性について

　鬼ごっこの経験豊富な児童が課題意識をもって文章を読み文章の論理に着目していくために，鬼ごっこについての児童の知識に働きかける手立て，ここでは，紹介されている鬼ごっこが「自分たちに合った鬼ごっこか，問題が起こりそうか」を判断することを行う。このような課題意識をもって文章を読む中で，児童が論理に着目する必然性を引き出したい。言語活動で言えば，児童が，既有知識を駆使しながら各事例を細部まで具体的にイメージして読み，問題点やよさを出し合い，最終的に「自分たちに合ったおもしろい鬼ごっこをつくる」ことで，表現につなぎたい。

② 論理性について

　本教材が設定している論理は，ルールとそのルールで遊ぶ理由，よさの一貫性，言い換えれば，「問題点→ルール→よさ」の因果関係である。児童が，事柄の因果関係をとらえ，それが適切なのかどうかを考えることが，文章の論理に着目することになる。事例に書かれている事柄を「問題点→ルール→よさ」の因果関係でとらえ，既有知識を生かしながら吟味し，自分たちに合った鬼ごっこを考えることで，論理の適切さを考えさせたい。

---

[1] 教材では「遊び方」と表現されているが，児童は，内容からそれを「ルール」という言葉で表現していた。以下「遊び方」を「ルール」と表現する。

③ 交流性について

　交流の中心は，考えのずれである。理由を語らせる中で，児童の知識や経験を引き出して交流させ，交流したことを材料にして「問題点→ルール→よさ」の因果関係を押さえ，「自分たちに合ったおもしろい鬼ごっこ」を考えさせたい。

2　教材の構造

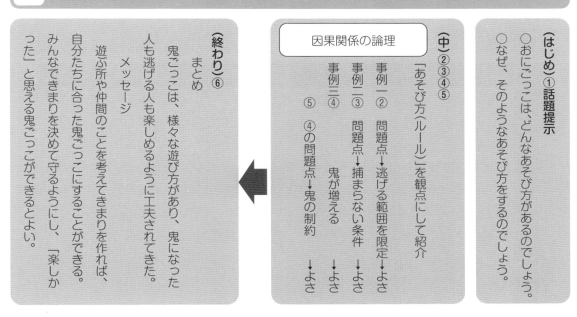

3　発問づくりのポイント

① 課題性から論理性へ

　文章の話題提示に沿って内容を読んでいく自然な読みを論理に着目した読みにするために，意欲付けが必要になる。そのために，紹介されている鬼ごっこは「自分たちに合っているか，問題が起こるか」の判断を問い，読むための課題意識をもたせる。判断するためには，書かれて事例を深い理解を伴って読んでいく必要がある。そこで，経験を引き出しながら，鬼ごっこに名前を付けて要点をとらえる学習，鬼と逃げる方の両方の観点から読む学習，段落で「問題点」「ルール」「よさ」の順序や書きぶりが違うことを生かして因果関係をとらえる学習を展開する。本時では，補って読むことで，因果関係をとらえさせる。

② 交流の必然性をつくる

　因果関係の適切さは，聞き手の納得で決まる。事例や考えた鬼ごっこを「問題点→ルール→よさ」の因果関係で説明，吟味する場を設定し，交流の必然性をつくりたい。その際，ペアの活動を効果的に取り入れ，一人ひとりの学習を保障したい。

4 単元の目標

- 鬼と逃げる方のそれぞれの観点から，「問題点」「遊び方（ルール）」「よさ」の因果関係を考えながら遊び方とその遊び方をする理由について読むことができる。
- 楽しい鬼ごっこを考え，ペアで「遊び方（ルール）」「問題点」「問題を改善するための遊び方（ルール）」「鬼のよさ」「逃げる方のよさ」について接続語を使い書くことができる。

5 単元の計画（全8時間）

次	時	学習のめあて	ALの評価ポイント
一	1	・どんなことが書かれている文章かを読もう。	○「鬼ごっこの遊び方」と「その遊び方をする理由」について書かれていることがわかる。
	2	・いくつの遊び方がで出てくるのか話し合い，段落を「大きいこと」「詳しいこと」「考え」に分け，おすすめはどれか話し合おう。	○3つまたは，4つの遊び方が書かれていることに気付き，形式段落を「概観―詳細―考え」に分けることができる。○「自分たちに合った鬼ごっこか，問題が起こるか」問いをもつことができる。
二	3	・出てくる鬼ごっこに名前を付け，表にまとめよう。	○それぞれの遊び方に名前を付けてまとめることができる。
	4	・「なぜ，そのような遊び方をするのか」図に描いて説明し，鬼と逃げる方とどちらが有利か話し合って表にまとめよう。	○「ルールがない場合の問題点，ルール，よさ」を説明することができる。○形式段落③の事例では，問題点を補い説明することができる。
	5（本時）	・新しいルールを付け加え，自分たちに合った鬼ごっこにしよう。	○事例に続けて補って読み，遊び方の因果関係をとらえ，接続語を使い説明できる。
三	6 7	・友達とペアで自分たちに合ったおもしろい鬼ごっこをつくろう。	○鬼ごっこの名前，遊び方を書くことができる。○友達に続けて，形式段落⑤の接続語を使い，遊び方の問題点,付け加えたルール,鬼と逃げる方から見たよさを書くことができる。
	8	・友達がつくった鬼ごっこをみんなで読み合おう。	○自分たちに合う鬼ごっこである理由を付けて，友達の鬼ごっこを紹介している。

第2章 アクティブ・ラーニングを実現する説明文の発問づくり

6 授業の流れ（第二次・第4時）

☆**授業のねらい**

　事例の鬼ごっこの問題点，付け加えたルール，そのルールを決めたよさを補って読み，つながりを話し合うことを通して，「問題点」「ルール」「よさ」の因果関係をとらえ，接続語を使い「問題点→ルール→よさ」の順序で説明することができる。

☆**授業の展開**

①全文を音読し，出てきた事例を確認する。（5分）

> **発問** 4つの鬼ごっこの中で，自分たちに合った鬼ごっこはどの鬼ごっこですか。問題が起こりそうなのは，どの鬼ごっこですか。

- 3・4時で作成した表と図を板書に提示して発問し，理由を語らせる。児童は，事例1，2の鬼ごっこを挙げると考える。理由を語らせる中で「新しいルールをつくると解決しそうだ」という思いを醸成する。

②1つを選択し，問題，新しいルール，よさを補って読み，ノートに図示する。（5分）

> **発問** 自分たちに合った鬼ごっこにするには，新しくどんなルールを付け加えるといいですか。どんなよさがありますか。
> 　　　　　　　　　　　　　　　　　　　　　　　　　【軸となる発問】

- ①活動での児童とのやりとりの中で発問を行い，学習のめあてを板書する。鬼ごっこの名前，「問題点」「新しいルール」「よさ」を意識して図示できるように板書にカードを提示する。
- 選んだ1つの事例について考えさせる。

③問題点，新しいルール，よさのつながりを話し合う。（15分）

> **発問** どんなルールを考えましたか。どんなよさがありますか。

- はじめに，ペアでノートの図を見せ合いながら，「どんな問題が起こるか，付け加えたルールで問題が解決できるか，どんなよさがあるか」話し合わせる。
- 問題やルールが適切でやってみたいおもしろい鬼ごっこを推薦させ，2～3名を全体の中で発表させる。「問題点」「ルール」「よさ」の適切さやつながりを吟味させる。

④「問題点」「ルール」「よさ」を接続語を使い説明する。（15分）	発問　「問題点」「ルール」「よさ」を上手に説明するために，よいつなぎ言葉（接続語）は，ありませんか。つなぎ言葉（接続語）をどこに付ければよいですか。　　　　　　　　　　　　【再考する発問】

- 本文や発表の中から「そこで」「だから」「この遊び方だと」「このように決めると」「すると」などの接続語を見付けさせる。「問題点」「ルール」「よさ」のどこに接続語を入れたらよいか考えさせ，因果関係の順序を確かにさせる。
- ペアで説明させて一人ひとりの説明を保障した後，全体で発表させて共有させる。

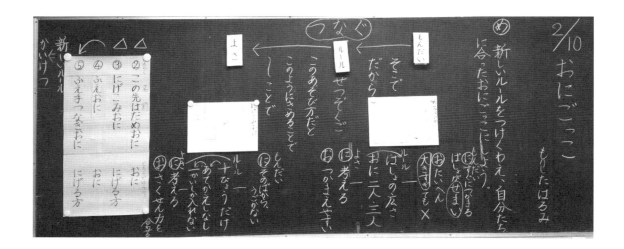

⑤わかりやすく説明するための方法をまとめる。（5分）	発問　みんなにわかってもらうために，どんなことに気を付けて，自分たちに合ったおもしろい鬼ごっこの説明をすればよいですか。

- 自分たちに合ったおもしろい鬼ごっこを考え，接続語を使って「問題点→ルール→よさ」の順序でみんなに説明することを確認し，次時の学習へ生かせるようにしたい。

第2章　アクティブ・ラーニングを実現する説明文の発問づくり

7 評価のポイント

〈本時の例〉

① この先はだめ鬼
　場所がせまいと、逃げる人は、すぐに捕まえられます。だから、逃げる場所を大きくしたらいいと思います。大きくしてもいけません。鬼が一人なら大きくしたらいいです。だけど、鬼を二人つかまえにくいです。鬼が一人ならつかまえにくいです。だから、鬼を二人か三人にしたらいいと思います。
　この遊び方だと、鬼は逃げる人を捕まえやすくなります。逃げる人も、どきどきして楽しいし、広い場所で逃げることができます。

〈前半〉 ② さいころ鬼ごっこ①
　この鬼ごっこは、さいころを投げて、その数字の時間（分）だけ逃げる鬼ごっこです。鬼は、その間追いかけます。

〈後半〉
　ところが、さいころの数字が一だったら、一分しかできなくて、すぐに鬼ごっこが終わってしまいます。そこで、はじめから、五から十までのさいころを作ってから、遊べばいいのです。すると、一番少ない数でも、五分は遊べるようになります。こうすると、すぐに終わらないし、逃げる方も鬼もみんなが楽しめるからよいです。

〈前半〉 ③ かくれ鬼②
　かくれ鬼は、かくれても、逃げてもいい鬼ごっこです。この遊び方だと、逃げる人がかくれたりするから、あまり捕まらない人とすぐに捕まる人がいます。だから、逃げる人は、どきどきして、とても楽しいです。でも、鬼は、あまりよくないかもしれません。だから、隠れる人を探す鬼、逃げる人を探す鬼を決めれば楽しめます。

〈後半〉
　ところが、この遊び方は、隠れておもしろいけれど、鬼がいやになってしまいます。逃げる人が見つけられない所にいくと、見つけることができません。そこで、逃げてはいけない所を決めます。こうすると、鬼は、隠れる人を見つけやすくなります。また、逃げる人は、考えて逃げたり隠れたりしなくてはいけないので、もっとどきどきして楽しくなります。みんなが、おもしろくなります。

（読みやすくするため、漢字を使用している。）

①は，本時のもので，鬼の数と場所の広さを工夫してルールをつくっている。
②③は，ペアの児童がつくった鬼ごっこである。A児は，②の前半と③の後半を，B児は，③の前半と②の後半を書いている。4・5段落の「接続詞」を使って4・5段落の形式で書くため，因果関係，観点，並列の思考を駆使するが，負荷が少なく書きやすい。評価のポイントは，後半を書くときに接続語を使い「問題点→遊び方（ルール）→よさ」の順序で因果関係を説明し，逃げる方と鬼の両方の立場が押さえられているかである。

（後藤由美恵）

〈主な参考文献〉
○長崎伸仁・吉川芳則・石丸憲一編著『読解と表現をつなぐ文学・説明文の授業』学事出版，2013年
○難波博孝「学力の基礎　読みの力の育て方　日本の読むことの授業の3つの不幸」『教育科学国語教育　No.656 2005年5月号』明治図書，2005年5月

第③学年　「すがたをかえる大豆」（光村図書）

4 内面性と論理性を結び付ける

1 アクティブ・ラーニングを取り入れるポイント

　授業づくりという点から見れば，内面性（イメージや感覚）にのみ着目し，展開される授業だけでは，子どもたちは説明文を読む楽しさを味わうことができない。内面性だけにとどまらず，教材の特性より生まれる問いをもとに，説明文の論理性に着目する。さらに，内面性と論理性を結び付けて考える授業を展開することを通して，子どもたちが説明文を読む楽しさを味わうことができるようにしたい。

　本教材「すがたをかえる大豆」は，「手をくわえて，おいしく食べるくふう」を観点に，大豆がいろいろなすがたで食べられていることを説明した文章である。「中」の部分の説明内容を話題とし，検討することを通して，段落相互の関係をとらえ，表現へとつなげたい。

① **課題性について**

　本実践の中心課題は，「中」の部分に書かれた事例の順序性をとらえることと，「手をくわえておいしく食べるくふう」（具体）と「昔の人々のちえ」（抽象）との関係を考えることである。言語活動でいえば，「○○のしかたをあらわそう」が表現に拓く言語活動である。そのためには，文章全体を概観した上で，どの大豆の工夫が一番すごいかを話し合うことを通して，段落相互のつながりをとらえるようにする。

② **論理性について**

　論理性として着目したいのは，2点である。まず，尾括型構成である。「はじめ」は①段落，「中」が②〜⑦段落，「終わり」が⑧段落で，筆者の考えは「昔の人々のちえ」に集約されている。「中」の事例（具体）と「終わり」の筆者の考え（抽象）とのかかわりを確かにとらえることが必要である。次に，「中」の事例の順序性である。事例は「手のくわえ方」を分類基準として，大豆が変化していく形に従って事例を挙げている。その「いちばんわかりやすいのは」「次に」「また」「さらに」という事例の順序性について，接続語を観点とした吟味・検討がさらに深い思考を生み出し，書く活動へとつながる。

③ **交流性について**

　交流性の中でもっとも大切にしたいのが，自分と他者の考えを比べることである。ペアやグループでの話し合いを通して，「自分の考えとどこが同じで，どこが違うのか」を自覚することで，思考を深めることができる。本単元では，例えば「どの大豆の工夫が一番すごいか」を話し合う学習において，同じグループでの話し合いを取り入れる。一人ひとりの学習への参加の度合いを高め，考えをより明確にすることが期待できる。次に，全体での話し合いを取り入

第2章 アクティブ・ラーニングを実現する説明文の発問づくり

れ，異なる考えと意見を交流することで，自分の考えを広げたり深めたりすることが期待できる。

2 教材の構造

（はじめ）話題提示
① いろいろな食品にすがたをかえて気づかれない大豆。

（中1）大豆　②～⑥
② 昔からいろいろ手をくわえて，おいしく食べるくふうがされてきた。
③ （いちばんわかりやすいのは）大豆をそのままいったり，にたりして，やわらかく，おいしくする くふう
④ （次に）こなにひいて食べるくふう
⑤ （また）大豆にふくまれる大切なえいようだけを取り出して，ちがう食品にする くふう
⑥ （さらに）目に見えない小さな生物の力をかりて，ちがう食品にする くふう

（中2）ダイズ
⑦ （これらのほかに）とり入れる時期や育て方の くふう

（終わり）⑧
⑧ いろいろなすがたで食べられている大豆。昔の人々のちえにおどろかされる。

3 発問づくりのポイント

① 課題性から論理性へ

　本単元では，事例の順序性と接続語の効果をとらえることが学習の中心となる。そこで，子どもたちの問い意識を高める手立てとして，内面性を問うことを出発点とした発問づくりがポイントとなる。具体的な発問としては，「どの大豆の工夫が一番すごいか」「仲間はずれの事例はどれかな」など，説明内容（内面性）を話題とした問いである。こうしてわき起こってきた「本文のどこからそういえるのだろう？」という問い意識をもとに，筆者の見方と対峙することが論理性の発問づくりのポイントとなる。具体的な発問としては，「『また』『さらに』は，『そして』と言い換えることができますか？」「⑦段落があると，どんなことがわかるだろう？」のように，筆者の論の進め方の工夫に着目できるようにする。

② 交流の必然性をつくる

　交流性の観点からは，クラスの友達は「どれを選んだか」「どうして選んだか」など，かかわりを求めたくなるような発問づくりに留意し，自分の考えと他者の考えを交流する必然性をつくり出すようにする。

4 単元の目標

- 三部構成や接続語に着目して，筆者の考えと事例の順序性を考えることを通して，段落相互のつながりをとらえることができる。
- 事例の順序性と接続語の効果に着目して，「○○のしかた」として，まとめることができる。

5 単元の計画（全7時間）

次	時	学習のめあて	ALの評価ポイント
一	1	・文章を「はじめ―中―終わり」に分け，筆者の考えをとらえよう。	○本文が「はじめ―中―終わり」の構成になっていることを理解し，終わりに筆者の考えが書かれていることをとらえ，まとめることができる。
	2	・各段落の要点をまとめ，筆者の述べ方をとらえよう。	○各段落の要点をまとめることを通して，段落内の述べ方には共通性があることに気付くことができる。
二	3	・仲間はずれの事例を考えることを通して，筆者の述べ方の工夫をとらえよう。	○「中」の事例に着目し，仲間はずれを考えることを通して，「中」の事例のつながりを関係図に表すことができる。
	4	・「中」の事例に着目して読み，「すがたをかえる大豆はすごいか」を話し合おう。	○「中」の事例に着目し，評価することを通して，「中」の事例と終わり（具体と抽象）とを関連付けてすごさをまとめることができる。
	5（本時）	・接続語に着目して読み，「どの大豆のくふうが一番すごいか」を話し合おう。	○「どの大豆のくふうが一番すごいか」を話し合うことを通して，接続語を観点として事例の順序性を読み，まとめることができる。
三	6	・事例の順序と接続語の働きを生かして，「○○のしかた」を表そう。	○事例の順序性と接続語の効果に気を付けて，「○○のしかた」を作文にまとめることができる。
	7	・それぞれの「○○のしかた」を交流しよう。	○事例の順序性と接続語の効果について交流し，よさを実感することができる。 ○これからの日記に生かすことができるよう意欲を高める。

第2章 アクティブ・ラーニングを実現する説明文の発問づくり

6 授業の流れ（第二次・第5時）

☆**授業のねらい**

　大豆の工夫のすごさを話題として話し合うことを通して，接続語を観点として事例の順序性を読み，「また」「さらに」の働きをまとめることができる。

☆**授業の展開**

| ①説明されている事例を仲間分けする。（5分） | 発問　工夫はいくつ？　　　どんな工夫？ |

- 「中」の事例に着目し，工夫がいくつあったか，どんな工夫があったかを確認する。
- に豆やきなこなど，それぞれの食品はどの工夫であったかをカードを使って仲間分けする。手立てとして，「いちばんわかりやすいのは？」「次に？」と事例の並びを示す接続語を使って確認し，板書にも記す。

| ②どの大豆の工夫が一番すごいかについて自分の考えを発表する。（15分） | 発問　どの大豆の工夫が一番すごいですか？　　　　　　　　　　　　　　　　　【軸となる発問】 |

- 仲間分けしたものを受けて，どの大豆の工夫が一番すごいかについて自分の考えを発表する。黒板にネーム磁石で自分の選択を位置付けさせ，立場を明確にした上で，意見を交流する。ここでもっとも大切にしたいのが，異なる意見との考えの交流である。まずは，同じグループで集まって話し合うことを通して，学習への参加度を高めるとともに，他の事例よりも優れていると考える理由について交流する。グループでの話し合いが落ち着いてきたところで，全体での話し合いへと展開する。「でもこちらのグループは〜」「だったら〜」と問うことで，異なる考えとの交流を促し，事例を比較・検討した発言を賞賛していきたい。理由が出尽くしたところで，黒板を示しながら「でも，並び方はここが『いちばん』となっていますよ」と発問し，子どもたちが「いちばんわかりやすいのは」「次に」「また」「さらに」という事例の順序性を問題化するように仕向ける。

③段落相互のつながりについて話し合う。
（15分）

> 発問 「また」「さらに」は，「そして」と言い換えることができますか？
> 【再考する発問】

- 子どもたちが接続語に着目し，段落相互のつながりを考え始めたところで，「また」「さらに」を「そして」に言い換えることができるかを発問する。本単元の思考をもっとも深める場面で，「そして」と言い換えることで，⑤段落と⑥段落の事例のすごさが高まるか，低くなるかについて全体で話し合う。

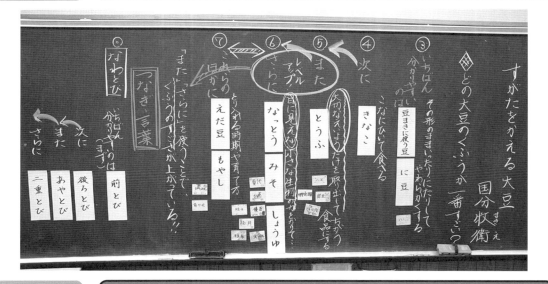

④接続語「また」「さらに」の働きについて話し合い，まとめる。
（10分）

> 発問 「また」「さらに」を使うことで，工夫のすごさはどう変わっていますか？
> （なわとびを例に）接続語とカードをつなげられるかな？

- 「また」「さらに」を使って事例を述べることで，「手をくわえて，おいしく食べるくふう」のすごさがどのように変わっているかについて考え，話し合う。接続語（つなぎ言葉）に着目することで，事例の順序性が見えることを押さえ，学習内容として定着させる。
- 「また」「さらに」のよさ・効果を味わったところで，書く活動へと生かすことができるようにする。なわとびを例に，接続語とカード（なわとびのとび方）を結び付ける活動を通して，「また」「さらに」の働きを実感できるようにする。

7 評価のポイント

> 本作文は，次時に事例の順序と接続語の働きを生かして書いた作文である。
> 「なわとびのとび方」を事例に，問いと答えの関係でまとめている。
> 評価のポイントは事例の順序性と接続語の活用にある。ここでは特に「また」「さらに」の接続語の働きを作文に生かしているところを評価したい。

なわとびには、いろいろなとび方があります。
では、どんなとび方があるのでしょうか。
一番やりやすいのは、前とびがあります。あやとびは、とてもむずかしいです。
次に、すこしむずかしいのは、こしのちがくでなわを回わすと、あやとびがやすくなります。
また、あやとびでは、ひざを上にあげ、はやくなわを回してとぶと、とてもやりやすくなります。
さらに、すごくむずかしい二重とびでは、ひざを上にあげて、はやくなわを回してとぶと、とてもやりやすくなります。
クロスとびをすると、となりで手くびを回してとても大きくなります。
あやとびやたなわをやりながら、二重とびをするととてもやりやすくなります。
このように、なわとびにはいろいろなとび方やくふうがあります。

> 「バレーボールのわざのしかた」を事例にまとめた作文である。
> 「また」「さらに」の接続語の働きを生かしていることに加え，述べ方として「〜するとできます」とコツをまとめていることも評価したい。
> 互いの作文を交流し，さらに修正を加える姿も評価したい。

バレーボールのわざのしかた
バレーボールには、いろいろなわざがあります。
いちばんかんたんなのは、オーバーパスというわざです。上手にできるこつはおでこの上で手を開いて親指と人指し指で三角をつくるような感じにするとできます。
次に、アンダーパスというわざがあります。手を組み、ひざを使うとできます。
また、サタックというわざがあります。ジャンプして、左足から夕ンダタンとリズムよく、左手でボールを持ち、打つときは、わきで打つとできます。
さらに、サーブというわざがあります。打つときは、左手でボールを持ち、わきでボールをよく見て打つとできます。
このように、バレーボールは、いろいろなわざがあります。

（白坂洋一）

〈引用・参考文献〉
○吉川芳則編著『説明文の論理活用ワーク』明治図書，2012年9月
○香月正登編著『「問い」のある言語活動の展開』明治図書，2015年2月
○拙稿「教材の特性から問い意識を高める説明文の授業」『国語教育探究　第28号』2015年8月

第④学年　「『ゆめのロボット』を作る」(東京書籍)

5　2つの文章を統合して，つなげて読む

1　アクティブ・ラーニングを取り入れるポイント

　説明的文章の学習において，子どもの能動的な学びを引き起こすためには，教材の叙述内容を受動的に読み取ることに終始するのでは十分とはいえない。筆者の意見や論理に子どもの関心を向けさせ，子ども自身の考えを表現させることが大切である。そのために，子どもに筆者を意識させて学習を展開したい。筆者はなぜそう書いたのか，筆者という相手を意識し，その思いや書きぶりについて語り合うことで，子どもは教材を身近に感じ，より主体的な思考を促すことができるからである。

　本教材「『ゆめのロボット』を作る」は，インタビュー記事と説明文で構成された教材文である。インタビュー記事には，筆者のゆめのロボットに対する思いが述べられており，説明文には，ゆめのロボットの具体が述べられている。そのため，一方だけでは，浅い読みとなる。インタビュー記事と説明文とを，いかに関連付けて読ませるかが，子どもに筆者のロボット作りに込めた思いをとらえさせる鍵である。

① 　課題性について

　本実践の中心課題は，なぜ筆者の考える「ゆめのロボット」は，子どもの思い描くものと大きく異なるのかである。筆者の考える「ゆめのロボット」は，「人の役に立つ」ということの意味を，根本から考え直させられるものである。その強い願いに触れることで，子どものロボットへと向いていた興味は，「小林さん」という筆者自身への興味へと変容していくであろう。子どもは，その興味を原動力とし，2つの教材文を主体的に関連付けながら，読み深めていく。そうした中で，筆者の説明方法や論理展開に対して，子どもが評価することを言語活動として設定したい。

② 　論理性について

　論理性として，説明文の文章構成に着目したい。序論において，「マッスルスーツ」と「アクティブ歩行器」を研究してきた経緯や，紹介する意図が述べられていない。また，結論においても，「このように」でまとめられているとはいいがたい。インタビュー記事において述べられている，筆者の思いがより伝わる説明文にするためにはどうすればよいか，考えさせたい。

③ 　交流性について

　本単元で，大切にしたい交流性は3点ある。1つ目は，判断である。2つの事例のどちらがより筆者の「ゆめ」に近いか，判断させることで，子ども同士の意見の交流を生みたい。2つ目は，筆者との対話である。筆者役の子どもを役割分担し，対話させることで，より筆者の気

持ちや思いに寄り添って話し合えるようにしたい。3つ目は，多様な考えの保障である。説明文をどのように推敲するか，様々な工夫を提案し合いたい。

2 教材の構造

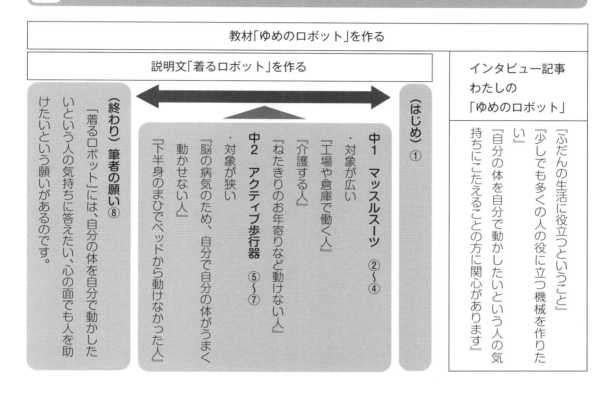

3 発問づくりのポイント

① 課題性から交流性へ

本単元は，インタビュー記事と説明文という，文種の異なる文章を関連付けることが学習の中心となる。両者をつなげ，読み深めるために，「筆者」，そして，「筆者のロボット観」を大切にしたい。それらをいかに子どもに見出させるかが発問づくりの鍵である。

② 交流性の必然性をつくる

「マッスルスーツ」と「アクティブ歩行器」では，どちらが筆者の「ゆめ」に近いと考えるか，判断の理由を交流させる場を設定する。その中で，あえて「着る」という困難に挑戦する筆者の「ゆめ」に対する思いの強さを明確にしていきたい。それを踏まえた上で，説明文のみでそれがわかりやすく伝わるかを問う。子どもは，事例の順序や文量，また，序論の役割についても吟味し，伝えたいことをよりわかりやすくするための工夫に気付いていくであろう。

4 単元の目標

- インタビュー記事と説明文のつながりに着目して，筆者の「ゆめ」の意図をとらえ，それに対する自分の意見をもつことができる。
- ロボットに対する自分の考えを「ゆめのロボット設計図」にまとめることができる。

5 単元の計画（全7時間）

次	時	学習のめあて	ALの評価ポイント
一	1	・自分の思い描く夢のロボットと，小林さんの「ゆめのロボット」を比べよう。	○自分たちと筆者の考えを比べることで，「なぜ，小林さんの考える『ゆめロボット』は，このようになったのか」という，単元を貫く問いをもつことができる。
	2	・インタビュー記事と説明文の違いをとらえよう。	○2つの文章の文末表現に着目し，それぞれの性質の違いについてとらえることができる。
二	3	・「ゆめのロボット」と「着るロボット」の関係について話し合おう。	○筆者の「着るロボット」を作った思いと，ロボット作りに対するこれからの思いとを比べることで，「着るロボット」と「ゆめのロボット」とのつながりをとらえることができる。
	4（本時）	・「着るロボット」には，小林さんのどのような願いが込められているか話し合おう。	○筆者の説明文の述べ方に着目し，より伝わる文章を提案することができる。
	5	・筆者がロボット作りにおいて大切にしていることについて話し合おう。	○筆者が，安全性や機能性という側面を大切にしてロボットを作っているということをとらえ，「ゆめのロボット」に対する自分の考えをもつことができる。
三	6	・これまでの学習を生かして，自分の「ゆめのロボット設計図」にまとめよう。	○ロボットの対象，安全性や機能性，思いや願いの構成で，設計図をまとめることができる。
	7	・それぞれの「ゆめのロボット設計図」を交流し，互いの考えのよさを見付けよう。	○互いの設計図を積極的に評価し合うとともに，自分と筆者の「ゆめ」の意図を比べることができる。

第2章 アクティブ・ラーニングを実現する説明文の発問づくり

6 授業の流れ（第二次・第4時）

☆授業のねらい
　説明文の2つの事例の関係について話し合うことを通して，筆者の文章を評価し，より意図が伝わる文章となるように提案することができる。

☆授業の展開

| ①筆者の「ゆめのロボット」への思いの強さを確認する。（5分） |

発問　小林さんの「ゆめ」はどのようなものでしょうか？

- インタビュー記事から，筆者の考える「ゆめのロボット」は，どのようなものか確認する。そして，その思いの強さが表れている箇所を問い，「人間とのきょり」に目を向けさせる。そうすることで，あえて難しいところに挑戦する思いの強さに気付かせ，筆者自身への興味を喚起できるようにする。

| ②説明文における2つの事例の役割について話し合う。（20分） |

発問　小林さんは，「マッスルスーツ」と「アクティブ歩行器」の，どちらをより自慢に思っていると考えますか？　【軸となる発問】

- 判断の鍵となるのは，対象とする使用者であろう。話し合いの中で，「少しでも多くの人の役に立つ機械」や「自分の体を自分で動かしたい……」といった叙述をどのように解釈して根拠としたか，理由付けの意図をしっかりと聞き合わせたい。そうすることで，多数に役立つ「マッスルスーツ」と，使用する者は少数だが，体を動かすことへの願いが強い「アクティブ歩行器」に整理し，どちらにも思いが込められていることを確認する。

発問　2つの「着るロボット」から，筆者の思いはどのくらい伝わりますか？

- インタビュー記事とつなげて読んでいる子どもは，着るロボットから「筆者の思いが強く伝わる」と答えるであろう。そこで，それは説明文だけで伝わるかを問う。そうすることで，説明文において，「着るロボット」の研究の意図や，筆者の思いが述べられていないことに気付かせ，筆者の書きぶりへと意識を向けさせるようにする。

| ③説明文を評価する。（15分） | 発問　説明文のどこを，どのように書き加えたら，小林さんの思いがより伝わるようになるでしょうか？　　　　　　　【再考する発問】 |

- 筆者の文章を批判するのではないことを押さえたい。そのため，筆者の真摯な思いを確認した上で話し合わせるようにする。
- 説明文の「どこ」を問うことで，文章構成に着目させるようにする。子どもは，既習の説明文の学習を想起しながら，序論や本論，結論の役割を振り返っていくであろう。それらの意見を踏まえた上で，筆者の思いがより伝わる文章となるためにはどのようにしたらよいか話し合わせたい。例えば，序論においては，問いを加えることや，「着るロボット」の研究の意図を述べることなどが挙げられるであろう。子どもの多様な考えを保障できる場面であるので，一人ひとりの考えを価値付けていきたい。

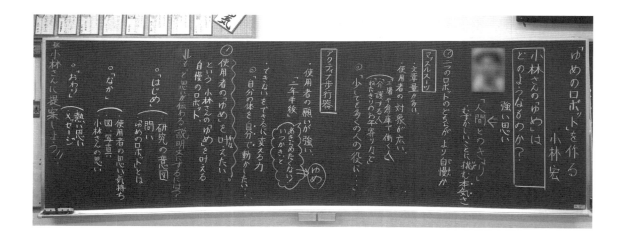

| ④ノートにまとめる。（5分） | 発問　小林さんの「ゆめ」が，より伝わるような説明文になるように，小林さんに提案しましょう。 |

- 本時の課題である，筆者の「ゆめ」を押さえた上で，どのようにすれば，より筆者の思いが伝わる文章になるか，ノートにまとめさせる。その際，必ず「ゆめ」に触れて書くように指示し，目的を明確にして文章を書かせるようにしたい。

7 評価のポイント

① 筆者の思いを大切にしながら、その上で、こうしたらと提案している点が評価できる。

① 小林さんは、マッスルスーツやアクティブ歩行器に、強い思いがあるんですね。しかし、小林さんの、なぜそんなに強い思いがあるのかがあまり伝わってきません。せっかくの着るロボットへの強い思いが、研究が、伝わりません。「強い思い」を伝えたいなら、その強い思いになぜあるのかをしっかり伝えるためにも、「強い思い」をすすめてきたんだ！というのをおわりに書いた方が良いと思います。

② 既習の教材文で見出した「問い」を、本教材に活用している点が評価できる。

② 小林さんは自分自身の力で気持ちや心の面でも人を助けられるロボットをつくりたいという思いでもそのことを最初にかかわらない。だから最初にかかわった方がいい。

たとえば最初にみなさんはどんなロボットですか？わたしのゆめのロボットは気持ちや心の面でも人を助けられるロボットです。といったらいいと思います。

③ インタビュー記事において述べられている、筆者の思いを生かしている点が評価できる。

③ 小林さんは誰かの役に立つロボットを一生懸命つくっているのですね。でも最後にはっきりとは伝わっていません。たしかに多くの不自由な人や介護の人が喜んでくれるようなロボットを考えて開発してるのだよ、こういう研究が伝わってくる一生懸命時間をかけて喜んでくれる人に介ごの人に一生懸命ロボットを読む人に伝わるようにしたい。

④ 自分なりの思いを具体的に述べている点が評価できる。

④ 説明文だけでは、小林さんの着るロボットは怖くにあたかもない人たちに感想や思いをつけたせばいい思います。たしてアクティブ歩行器のかいてある13行目の所に一もうダメです、といわれました。お医者さんからはアクティブ歩行器のおかげで助かりましたなどのつけたしをしたらどうでしょうか？

他にも、実験をしてみたらどうですか？言葉にしないでも水にぬれてもなっとくさせるようじょうぶですかなどの実験です。なので、じょうぶなようすを写真と文で説明すればいいと思います。

（田中健規）

〈引用・参考文献〉

○長崎伸仁・吉川芳則・石丸憲一編著『読解と表現をつなぐ文学・説明文の授業』学事出版, 2013年3月
○鶴田清司・河野順子編著『論理的思考力・表現力を育てる言語活動のデザイン 小学校編』明治図書, 2014年8月

第⑤学年 「想像力のスイッチを入れよう」(光村図書)

6 生活感覚と、筆者の考えをつなぐ

1 アクティブ・ラーニングを取り入れるポイント

　活用的視点という点から見れば、説明的文章の活用は、大きく２つに分かれる。１つは、教材の内容の活用、もう１つは、教材の論理の活用である。前者は、主として、私たちの生活感覚（あるいは、行動）の改善をねらいとし、後者は、テキストの論理構成を転用する。もちろん、それは、実践の軸足をどちらに置くかの問題であって、どちらか一方だけを扱うということではない。

　本教材「想像力のスイッチを入れよう」は、様々な情報が飛び交う日常の中で、思い込みを防ぐために、想像力のスイッチを入れることの必要性を述べた文章である。私たちの生活感覚をゆさぶる文章で、教材の内容に軸足を置き、筆者の考えを吟味・検討したい。

① 課題性について

　本実践の中心課題は、筆者の意図や思考を読み解くとともに、自分の生活感覚を見直し、自分の考えを明らかにすることである。言語活動でいえば、「想像力のスイッチ—私の活用術をまとめよう」が表現に拓く言語活動となる。そのためには、まず、本文を概観し、自分の生活に役立ちそうかを、子どもたちの目線で評価していくことである。その思考・判断が、アクティブな学びの原動力となり、「想像力のスイッチをどう使うか？」という単元を通した問い意識をより強いものにする。

② 論理性について

　論理性として着目したいのは２点である。１つは、双括型の文章構成。「はじめ」は、①〜⑥段落で、⑤段落の図は、⑥段落のための事例である。「終わり」は、⑮⑯段落で、筆者の考えがより強調される。まず、筆者の主張点を、文章構成から確かにとらえることである。もう１つは、「中」の事例の並びである。事例は、新聞報道に対して、「冷静に見直す」「伝えていないことを想像する」「結論を急がない」の３つの柱で切り込み、４つの想像力のスイッチ（『　』で表記）を示す。その「まず」「次に」「最後に」という事例の並びの吟味・検討が深い思考を引き出す最大のポイントとなる。

③ 交流性について

　交流性の中でもっとも大切にしたいのは、異なる考えである。そのすり合わせが、より創造的な考えをつくり出す。本単元は、子どもたちの生活感覚をベースにした単元展開であり、子どもたち相互、あるいは、筆者との生活感覚のズレがポイントとなる。よりそのことが求められる場面（第４時、第５時）では、交流性を促すためにグループディスカッションを取り入れ

たい。そこから，全体討論へと展開する。そのためにも，より明確な答えが求められる話題提供（発問）が必要になる。

2 教材の構造

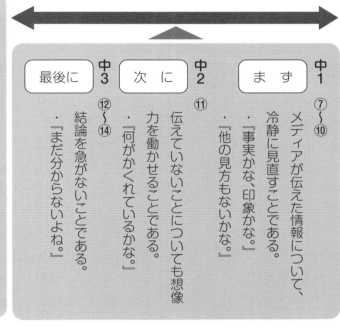

3 発問づくりのポイント

① 課題性から論理性へ

本単元は，説明内容がわかりやすいか，わかりにくいかよりも，説明内容が自分の生活に役立つか，役立たないかが問題である。そうした文章との接近を図ることが，課題性の発問づくりのポイントとなる。こうしてわき起こってきた「本文の何を，どう生かすか？」という問題意識をもとに，筆者の考えと対峙することが論理性の発問づくりのポイントとなる。具体的には，「まず」「次に」「最後に」という事例の並びは，時間の順序だろうか，それとも事柄の順序だろうか。さらにいえば，3つの柱と4つのスイッチは，どのようなつながりをもつのだろうか。自分の生活に引き寄せつつ，その論理関係を明らかにする。

② 交流の必然性をつくる

交流性の観点からは，いかに交流する必然性をつくり出すかがポイントになる。クラスの仲間は，「どのスイッチに注目しているだろうか？」「どんなふうに活用しようと考えているだろうか？」など，そういうかかわりを求めたくなるような発問づくりである。

4　単元の目標

- 筆者の考えと事例の示し方に着目して，想像力のスイッチの意味やつながりを読み，活用方法を見付けることができる。
- 想像力のスイッチの生かし方を交流し，「私の活用術」にまとめることができる。

5　単元の計画（全7時間）

次	時	学習のめあて	ALの評価ポイント
一	1	・キーワードを抜き出して，「想像力のスイッチとは何か」をまとめよう。	○想像力のスイッチにかかわることばを抜き出し，「想像力のスイッチとは，〜である。」とまとめることができる。
	2	・文章を「はじめ―中―終わり」に分け，筆者の中心的な考えをとらえよう。	○本文を「はじめ―中―終わり」に分けることを通して，双括型の構成であることに気付き，はじめと終わりを比較し，筆者の考えをまとめることができる。
	3	・「中」の事例に注目して読み，「生活に役立つか，役立たないか」を話し合おう。	○本文が私たちの生活に役立つ文章かを積極的に評価し，想像力のスイッチをどう使うか，問いをもつことができる。
二	4	・「小さな景色」「大きな景色」をキーワードに事例を整理し，想像力のスイッチの必要性をまとめよう。	○「小さな景色」「大きな景色」で，事例が示されているかを判断，整理するとともに，想像力のスイッチを入れなかった場合などを仮定し，その必要性について交流することができる。
	5（本時）	・想像力のスイッチの使い方を話し合い，使い方のポイントを見付けよう。	○「まず」「次に」「最後に」という事例の並びを問題としてとらえ，想像力のスイッチのつながりを，自分の生活に引き寄せてとらえることができる。
三	6	・これまでの学習を生かして，私の想像力のスイッチ活用術をまとめよう。	○想像力のスイッチの必要性，活用事例①，活用事例②，まとめの構成で，「私の活用術」を原稿用紙1枚程度にまとめることができる。
	7	・それぞれの「私の活用術」を交流し，筆者の思いを想像しよう。	○活用術のすばらしさについて，積極的に評価し合うとともに，筆者が本文を記した理由を想像することができる。

6 授業の流れ（第二次・第5時）

☆授業のねらい

　3つの柱と4つのスイッチと自らの生活とのかかわりを話し合うことを通して，事例相互の関係を読み，生活に生かす使い方をまとめることができる。

☆授業の展開

①想像力のスイッチの必要性について聞き合う。（10分）	発問　4つの想像力のスイッチの必要度は，高いですか？　低いですか？

- 「中」の事例の3つの柱と，4つのスイッチを確認する。その際，「まず，何？」「次は，何？」「最後は，何？」と事例の並びを示す接続語を使って確認し，板書にも記す。
- 前時の振り返りでまとめた想像力のスイッチの必要性についてのノートをグループで交流し，必要度を発問する。高い理由，低い理由の大体を聞き，本時のめあてを板書する。

②自分が主として使ってみたいスイッチを発表する。（15分）	発問　どのスイッチを中心に使いたいですか？　【軸となる発問】

- スイッチの必要度を受けて，自分がもっとも使いたいスイッチを選択させる。黒板にもネーム磁石で自分の選択を位置付けさせ，「どの理由が聞きたいか」を尋ね，全体で交流する。「例えば」で，自分の生活事例を取り上げたり，事例を比較・検討したりした発言を称賛していきたい。理由が出尽くしたところで，変更がないかを確認する。

発問　でも，順番にスイッチを入れていかないといけないんですよね？

- さらに，「でも，順番にスイッチを……」と黒板を示しながら発問し，ゆさぶりをかける。子どもたちが「まず」「次に」「最後に」という順序性を問題化するように仕向け，この順序は，筆者が考えた説明の順序であること，しかし，違う行き道もあるのでは？と事例相互を新たに関係付けた読み方（比較や体験）を価値付ける。

③事例相互の関係について話し合う。
（10分）

発問　⑫段落の「最後に」は、「つまり」と言い換えることができますか？
【再考する発問】

- 子どもたちが様々な事例相互の関係付けを考え始めたところで、「最後に」を「つまり」に言い換える案を提案する。本単元の思考をもっとも深める場面で、グループで提案内容について議論する。その結果を発表し合い、考えのズレを全体で話し合う。話し合いが「つまり」の方向に動いた際に、「つまり」で関係をとらえた場合の関係図を作成し、「接続語」に着目した読み方を押さえる。

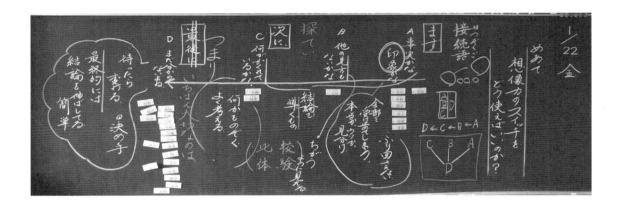

④活用方法をノートにまとめる。
（10分）

発問　想像力のスイッチをどのように生活の中で使っていきますか？関係図に触れながらまとめましょう。

- 想像力のスイッチをどのように使っていくか、あるいは、どのように使っていきたいかを、本時を振り返りながらノートに100字前後でまとめさせる。その際、記述の条件として、必ず関係図に触れてまとめるように指示し、事例相互の関係を学習内容として定着させていきたい。
- いつ、どこで、どのように使っていくか、具体的であったり、生活の中で生かしていくことで、どんな自分になっていきたいかなどの思いがあったりするまとめを紹介し、価値付ける。

7 評価のポイント

〈私の「想像力のスイッチ」活用術の作文〉

想像力のスイッチを広げよう
○○○

① 想像力のスイッチとは、何を大事と思うのかをなやまず、いろいろな可能性を考えて冷静になるスイッチです。私は、このスイッチは、必要だと考えています。なぜなら、冷静になったり、結論を急がなかったりしたら、いろいろなこと（間ちがいなど）に気付けるからです。

② 私が主に使ってみたいスイッチは、『まだ分からないよね。』です。『まだ分からないよね。』は、結論を急がずに、可能性を伸ばしているから、また別の答えが浮かんできたり、可能性が出てきたりします。その間に、他のスイッチを使って、結論を導き出していきたいと思います。

③ 例えば、最近、あるアイドルグループの解散報道がありました。解散すると決めつけるのではなく、まだ解散しないという答えの可能性を考えるのも大切だと思います。だから、『まだ分からないよね。』を主に使いたいです。

④ 私は、想像力のスイッチを使うことで、メディアにふり回されず、あたえられた小さな景色からながめるのではなく、大きな景色をながめて、判断できる自分にしていきたいです。

　本作文は、学習のまとめとして書いた〈私の「想像力のスイッチ」活用術〉である。子どもたちの負担を考え、原稿用紙1枚程度としている。

　①段落では、想像力のスイッチとは何か？　想像力のスイッチは必要か？について述べている。②段落では、想像力のスイッチをどのように使っていくか？　③段落は、その具体的事例、④段落は、まとめである。この構成は、授業展開と同じで、子どもたちは、これまでのノートをめくり、学習全体を振り返りながら記述している。評価のポイントは、それぞれの段落で押さえるべき内容が付加・修正され、きちんと押さえられているか、論旨が一貫しているかである。

　互いの作文を交流し、さらに付加・修正を加える姿も評価したい。

（香月正登）

〈引用・参考文献〉
○白石範孝・国語会議編著『まるごととらえる国語教材の分析』文溪堂，2015年7月
○大澤八千枝「判断をうながし，評価する力を育てる」研究発表資料，2015年10月

第6学年　「自然に学ぶ暮らし」（光村図書）

7 推論・評価して読み，自分の考えをつくる

1　アクティブ・ラーニングを取り入れるポイント

　小学校学習指導要領国語編には，第5・6学年の説明文の指導事項として，「事実と感想，意見などとの関係を押さえ，自分の考えを明確にしながら読んだりする」と示され，筆者の事例の挙げ方や，意見や主張の論証の仕方などについて，筆者の意図や思考を想定しながら読むことが求められている。しかし，単に文章に書かれている内容を受け止め，確認するだけでは主体的な読みを引き出すことにつながりづらい。そこで本実践では推論・評価して読むことに着目していきたい。粗探しや安直な批判に陥ることなく，筆者の考え方を推論しながら検討し，それを踏まえて文章を評価して，自分の考えをつくり出していく。このような筆者に寄り添いながら評価する読みは，アクティブ・ラーニングを実現する主体的な読みになるであろう。

　本教材「自然に学ぶ暮らし」は，自然の仕組みをうまく利用し，私たちの生活に応用することでこれまでの暮らし方を見直し，新しい暮らしのあり方を一から考えることを述べた文章である。読み手にとって自分たちの生活とかかわりのある内容で読みやすく感じる反面，「新しい暮らし方を一から考える」「これからの私たちに求められる社会のえがき方」等，文章や既有知識を関連付けて読まなくては筆者の考えが読み解きづらい文章になっている。この特性を活かし，筆者の考えを推論・評価しながら，自分の考えをつくる学習にしていきたい。

① **課題性について**

　本実践では，筆者の考えについて推論し，内容・述べ方の両面で評価しながら，自分の考えをつくり，表現していくことが主眼である。よって，言語活動として，筆者に手紙を書くことを設定し，読み手として筆者と向き合い，筆者の考えや文章の述べ方について自分がどう考えるのか表現させていきたい。そのために，まずは筆者の「新しい暮らし方を一から考えていかなければならない」という主張に共感できるか評価させ，文章に対する問いをつくらせていく。そして，その問いを解決する学習を展開することで，アクティブな学びにしていきたい。

② **論理性について**

　本教材の論理性の特徴は，事例の挙げ方にある。それぞれの事例だけを見てみると「空調調節」「おふろ」「風力発電機」のように読み取れる。しかし，筆者の主張である「新しい暮らし方」を視点に事例の共通点を探っていくと，「自然に溶け込みながら生活する暮らし方」「自然に負荷をかけない暮らし方」など，筆者の考える新しい暮らし方の具体像が見えてくる。さらに，風や虫の音を楽しむことや，電気の貸し借りについて述べられていることに着目すれば，筆者の自然に対する見方，考え方も浮かび上がってくる。このように，事例を比較・関連付け

ながら筆者の考えを推論すること，そして筆者の主張に対する述べ方は適切であったのか評価することが深い思考を引き出すことにつながっていくであろう。

③　交流性について

　推論・評価しながら文章を読むとき，子どもは「多分，筆者の考えは……」と想定したり，「自分だったら……」と自らに関連付けたりすることになる。このような読みは，子どもそれぞれに判断を迫ることでズレが生まれ，交流する必然性が生まれると考えられる。よって，ノートに自分の考えを書いた後には，ペアトークや，机上に置いたノートを自由に見て回るような個の交流を積極的に行い，思考の深まりに結び付けていくように工夫していく必要がある。

2　教材の構造

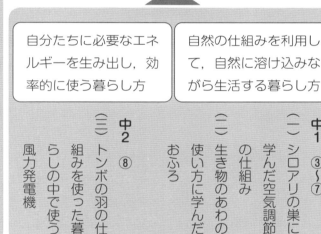

3　発問づくりのポイント

①　課題性から論理性へ

　本単元は，子どもの問いづくりがスタートとなる。まずは筆者の主張に対する共感度を問い，子どもの読みの実感を引き出した後，筆者が読み手自身に考えてほしいことがないか検討することで課題性を引き出していくようにする。そして，その答えを見付けるために本論部の事例に着目し，それぞれの事例の共通点を見出す発問をすることが，発問づくりのポイントである。

②　交流の必然性をつくる

　交流性を生み出すために，数値化や図化，箇条書きなど視覚化できるような発問をすることで，友達の考えを知り，自分の考えと比べてみたいという意欲を高めるようにする。

4 単元の目標

- 筆者の主張と事例のつながりに着目して筆者の考えや思いを推論し，それに対する自分の考えをもつことができる。
- 筆者の考えや述べ方などについて評価し，筆者への手紙として書き表すことができる。

5 単元の計画（全5時間）

次	時	学習のめあて	ALの評価ポイント
一	1	・文章を「序論―本論―結論」に分けて筆者の主張を見付けよう。	○文章を「序論―本論―結論」に分けることを通して，双括型の文章であることと大まかな内容をとらえ，筆者の主張を短くまとめることができる。
	2	・筆者の主張に対する共感度を話し合い，「問い」をつくろう。	○「新しい暮らしを一から考えていくこと」に対する共感度を数値で考え，共感できなかった理由のうち，本当は読者に考えてほしいことがないか検討し，話し合いの「問い」をつくることができる。
二	3（本時）	・筆者の考える「新しい暮らし方」について推論してまとめよう。	○筆者の主張と関連付けながら事例について比較し，筆者の考える「新しい暮らし方の在り方」を推論し，まとめることができる。
	4	・筆者の考える「新しい暮らし方を一から考えた社会」について推論して，文章を評価しよう。	○筆者の考える未来像を検討し，筆者の主張する「新しい暮らし方を一から考える」ことのできる文章であったか評価し，まとめることができる。
三	5	・読んだり考えたりしたことを活かして，筆者に手紙を書こう。	○①自分が推論した「新しい暮らし方・これからの社会」，②文章に対する評価（よさ・課題），③筆者の主張との共感点や相違点，④感想などを観点に，原稿用紙1枚〜1枚半で筆者への手紙をまとめることができる。

第2章 アクティブ・ラーニングを実現する説明文の発問づくり

6 授業の流れ（第二次・第3時）

☆**授業のねらい**

　本論の事例を比較することを通して，筆者の主張と事例とのつながりを読み，筆者の考える「新しい暮らし方」を推論して書き表すことができる。

☆**授業の展開**

①本時の課題を設定する。
（5分）

発問　筆者の考える「新しい暮らし方」とは，どんな暮らし方なのだろう。

- 前時で考えた，筆者の主張する「新しい暮らしのあり方を一から考える」ことについての問いを思い出し，本時ではその問いに対する答えを推論していくことを確認しながらめあてを板書する。
- 筆者の考える新しい暮らしとは「進歩」なのか，「昔に戻ること」なのか選ばせることでズレを生み，事例に課題意識をもたせる。

②それぞれの事例について比べ，話し合う。
（15分）

発問　一番自然の仕組みをうまく利用していると思った事例はどれですか。　　　　　　　　　　　　　　　　　　　【軸となる発問】

- まず事例の数を問い，大まかに3つの事例にまとめておく。そして，何の事例が，どのように一番うまく利用していると思ったのか，判断した理由を発言させ，それぞれの事例の内容を板書に整理していくようにする。意見を出し合った後には，再度どの事例が一番うまく利用していると思ったのか挙手させながら，どの事例も自然の仕組みがうまく利用されていることに気付かせていく。

発問　でも，シロアリの巣を活かした例には「エアコンに比べると少し性能は落ちますが」と悪い面が書かれている文章がありますが，この文章は必要ですか。

- 発問した後に，まずはペアで議論させる。そして「必要でない」と考える子どもの率直な考えを聞いた後に，「必要である」と考える子どもの意見を聞いていく。そして，よい面と悪い面を述べることによる説得性の高まりだけでなく，自然と親しみながら生活していこうとしている筆者の考え方を引き出していくようにする。

③それぞれの事例を比較・関連付ける。 （20分）	発問　3つの事例の共通点は何だろう？　　【再考する発問】 ・発問した後に自分の考えをノートに書かせる。そして，その後ノートを自由に見て回る時間をつくり，様々な友達の表現に触れさせ，改めて自分の考えを見直す時間を設定し，思考を深めることができるようにする。 ・見付けた共通点とその理由を全体で交流させていく。その中で，「自然の仕組みを活かした開発をしていること」や「自然や環境に無理のないように生活すること」というような筆者の考えを推論した意見を引き出していくようにする。それらの意見を踏まえて，筆者の考える自然と人間の関係について，円の大きさと位置関係で図にしてみるよう促し，自然に人間が寄り添っている・溶け込んでいるような暮らし方のイメージを共有化させるようにする。

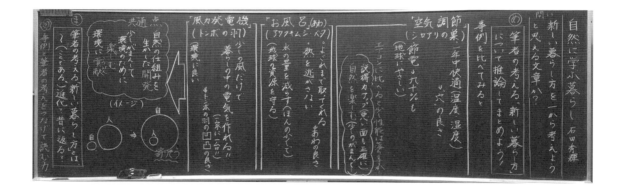

④筆者の考えを推論し，まとめる。 （5分）	発問　筆者の考える「新しい暮らし方」とはどのような暮らし方なのだろう。まとめてみよう。 ・ノートに，新しい暮らし方とは「進歩」か「昔に戻ること」なのかわかるように100字程度で書くよう指示し，本時で学習したことをもとにまとめさせていくようにする。 ・まとめた子どもから，どんな読む力が付いたのか振り返りとして書かせておき，授業の終わりに全体に紹介し，価値付ける。

第2章 アクティブ・ラーニングを実現する説明文の発問づくり

7 評価のポイント

【筆者への手紙】

（児童の手紙原稿：省略）

　それぞれの手紙が，筆者の考えや思いを受け止めながら，自分の考えをつくることができている。また，筆者の文章を評価する点でも，筆者の述べ方のよさを認めつつ，自分なりに感じた改善点についても書けている。
　手紙を書くときには，これまでの学習を振り返りながら，児童とともに書く観点を決めることが大切である。

（槙原宏樹）

〈引用・参考文献〉
○吉川芳則編著『説明文の論理活用ワーク　高学年編』明治図書，2012年9月

コラム①

「比べる」で発問をつくってみる
…「論理性」を高めるアイデア

　１つの情報ではわからなかったことが、いくつかの情報を比べてみると見えてくることがあります。文学的文章の読みでは、ことば同士、文同士、場面同士、登場人物同士等、その作品の特性や読みの目的に合った視点で比べる発問を行うと、より深い読みが可能になります。

【「比べる」発問の例】

●**表現方法を比べる**

> 登場人物の発言内容、言い回しを各場面から取り出して比べてみると、心情の変化に気付くことがあります。

　○表現の変化

　　・「ごんぎつね」……「ぬすっとぎつねめ」→「きつね」→「うなぎをぬすみやがったあのごんぎつねめ」→「ごん、おまえだったのか」

　（発問）それぞれ、どんな気持ちで呼んでいるか？

●**情景を比べる**

　（発問）以下の描写は、それぞれ、大造じいさんのどんな心情を表しているか？

> 優れた情景描写を比べることで想像力や解釈する力が高まります。

　　◇秋の日が、美しくかがやいていました。
　　◇あかつきの光が、小屋の中にすがすがしく流れこんできました。
　　◇東の空が真っ赤に燃えて、朝が来ました。
　　◇らんまんとさいたすももの花が、その羽にふれて、雪のように清らかに、はらはらと散りました。　　　　「大造じいさんとがん」

●**象徴するものを比べる**

　（発問）「本当の一人前の漁師」と「村一番の漁師」は、どう違うか？　「海のいのち」

　　・本当の一人前の漁師……たとえ瀬の主でも殺せるような、どんな魚でも殺すことを躊躇しない漁師。食物連鎖の長である人間を象徴する姿。

> 象徴するもの同士を比べると人物の性格や特徴がより浮彫になります。

　　・村一番の漁師……千びきに一ぴきしかとらず、海の命を全く変えない。

●**人物と人物を比べる**

　（発問）太一の父と与吉じいさの両方が大切に考えていたのはどのようなことか？

●**場面と場面を比べる（中心人物の変容）**

　○額縁構造

　　「わらぐつの中の神様」

> 物語の最初と最後の変化とそのきっかけを読み取ることで中心人物の成長や作品のメッセージを読み取ることができます。

　（発問）おみつさんと大工さんの話を聞いた後のマサエは、わらぐつを履くだろうか？

　○ファンタジーの構造（最初と最後の現実における人物の比較）

　　「注文の多い料理店」、「名前を見てちょうだい」、「初雪のふる日」等

　（発問）非現実の世界の前と後で、中心人物は変わったか？
　　　　→なぜ変わったか？　なぜ変わらなかったか？

（長安邦浩）

第3章 アクティブ・ラーニングを実現する物語文の発問づくり

1 物語文のアクティブ・ラーニングのポイント

物語の読みを深めて考える力を育てる
―主体的・能動的な物語学習の素地としての文学体験―

1 アクティブ・ラーニングを充実させる文学体験

　中央教育審議会は「初等中等教育における教育課程の基準等の在り方について（諮問）」（2014年11月20日）の中でアクティブ・ラーニングを次のように説明している。

　　必要な力を子供たちに育むためには，「何を教えるか」という知識の質や量の改善はもちろんのこと，「どのように学ぶか」という，学びの質や深まりを重視することが必要であり，課題の発見と解決に向けて主体的・協働的に学ぶ学習（いわゆる「アクティブ・ラーニング」）や，そのための指導の方法等を充実させていく必要があります。

　つまり，アクティブ・ラーニングとは教員による一方向的な講義形式の授業のようなものではなく，子どもたちの主体性や協働性が発揮される中で，課題の発見や解決に向かうような学びを指している。その起点となるのが発問である。本書ではすべての学年に「軸となる発問」・「再考する発問」を取り入れて，子どもたちの学びの質や深まりを高める発問を考案した授業案を示している。本書の「軸となる発問」・「再考する発問」は，子どもたちの主体性を高めたり，深く考える学力を育んだりするための支援として考案されたものである。

　物語文のアクティブ・ラーニングを考える際に，子どもたちの物語を読む体験の様子について考えてみたい。もともと物語は「虚構」であるが，西郷文芸学では「虚構」は作り話ではなく，「現実を踏まえ現実をこえた世界」を「虚構」と定義している。物語を読んだ子どもたちは，登場人物の気持ち・行動・出来事などを想像し，「現実を踏まえ現実をこえた世界」を体験する。子どもたちは物語の世界に入り込んで，登場人物に寄り添って同じように喜んだり悲しんだりするのである。このような読み方が子どもたちの「同化」体験である。これが，文学体験の出発点になる。続いて，子どもたちは物語を繰り返し読むうちに，物語の世界の登場人物に寄り添いながら読むだけではなく，登場人物と少し距離を置いて読むようになる。これが「異化」体験である。「異化」体験とは，読者が登場人物を対象化して作品内の他の形象とのかかわりからとらえるようになることである。そして「同化」体験と「異化」体験を「ないまぜ」にしたのが「共体験」である。物語を深く読み，さらに理解するには物語内容に応じて「同化」と「異化」を「ないまぜ」にした読み方が求められる。

　子どもたちの発達段階に応じて文学体験の内容は異なるのだが，少なくとも，子どもたちが物語を読み深め，理解し，そこから自分の読みを構築するには，子どもたちの積極的な参加をうながし，文学体験を誘う教師側の働きかけが欠かせない。発達段階によって文学体験の内容は異なるけれども，子どもたちは文学体験を素地にして物語を読み深めていくのである。

2 文学体験を素地にしたアクティブ・ラーニングの授業案

　本書では，小学１年生〜６年生の代表的な物語教材の授業案を示している。小学１年生の「サラダでげんき」の授業案では，子どもたちが友達とペアになって「サラダで元気」に登場する動物たちを動作化する活動と，子どもたちが動物になりきって書く「つぶやき」が子どもたちの「同化」体験となる。小学２年生の「かさこじぞう」の授業案もじいさまが地蔵様にしたことを動作化して話し合う活動が取り入れられている。本書の低学年の物語の授業は子どもたちの「同化」体験を踏まえて，そこから子どもたちが物語内の出来事の順序性を考えることや（小学１年生），じいさまとばあさまの言動から２人の人柄を考える学びを通して，子どもたちが読み深められた楽しさを「昔話かるた」に表現し，互いに比べ合うこと（小学２年生）で学ぶ力を深めていく「異化」体験を踏まえた授業を提案している。

　中学年の小学３年生は「サーカスのライオン」の中で繰り返し表現されている「目」に着目する授業案である。教師が「軸となる発問」・「再考する発問」を投げかけて再読をうながすことで，子どもたちが初読のときとは違う形でじんざの「目」の表現の違いに気付き，じんざの気持ちの変化をとらえて考えさせることを提案した授業である。小学４年生の「一つの花」は「十年経ったときのお母さんになりきってお父さんへ手紙を書く」活動が提案されている。子どもたちをお母さんに同化させることで，逆にゆみ子（とゆみ子の父への思い）を対象化して読みを深める授業案となっている。

　高学年の小学５年生の「大造じいさんとがん」は，子どもたちに発問を投げかけて，残雪に対する大造じいさんの心情の変化を読み取らせる学習を提案している。この授業案では，残雪に対する大造じいさんの心情が変化する「質的変化」を読み取らせることをねらいにしている。「質的変化」を読み取らせるのは「異化」体験である。当然のことながら，「異化」体験による効果は，「同化」体験があって初めて表れる。小学６年生の「やまなし」の授業案では対比マップを活用して交流した後に「読み取ったメッセージを自分に寄せて書く」ことを提案している。自分に寄せてメッセージを書く活動では，子どもたちが学習過程で営んだ「共体験」の対象化が行われている。この活動を通して，子どもたちは「自分たちの立場に寄せて考えるだけではなく，そこで浮かび上がった疑問をもう一度作品に問いかけ」るという「共体験」を通したメッセージを創出しているのである。

　本書は，すべて実践を基盤にして考案された授業案である。子どもたちの発達段階に応じた文学体験を素地に，子どもたちが能動的に授業に参加し，主体性を育み，物語を読み深める力，物語について深く考える力を付けるための教師の働きかけのあり方を示した授業案となっている。

（中野登志美）

〈引用・参考文献〉
○『西郷竹彦 文芸教育全集』第18巻，恒文社，1998年
○西郷文芸学の「同化」・「異化」・「共体験」については『西郷竹彦 文芸教育全集』別巻第２巻，恒文社，1999年を参考にしている。

第①学年 「サラダでげんき」(東京書籍)

2 順序に着目し，登場人物の役割をとらえさせる

1 アクティブ・ラーニングを取り入れるポイント

　本教材は，りっちゃんという幼い少女が病気になったお母さんのために繰り返し登場する動物たちに助けられながらサラダ作りをし，それを食べたお母さんが元気になるという物語である。「お母さんがたちまち元気になるサラダ」作りに協力する動物の順序や役割は大きい。

　本単元では，りっちゃんの願いは，その動物が何を教えにどのような順序で登場することで成就するのかに着目して，登場人物の役割をとらえさせることをねらう。そのために，動物になりきって自分の考えを書く活動を積み重ね思考を深めさせた上で，検討させたい。

① **課題性について**

　この物語は「すずめ，あり，おまわりさんを乗せた馬，白くま」の登場につれ，「身近なものから地球規模への世界の拡大」「サラダに入る力（野性，空，地中，海等）の拡大」を，アフリカ象が止め「くりんくりんと」力強くまとめてりっちゃんに手渡し，お母さんは元気になり一気に解決する。そこで，中心課題として「りっちゃんのサラダ作りの話を聞いたお母さんになって，りっちゃんや動物たちにお礼の手紙を書こう」と設定する。そのために，それぞれの動物の何がそんなに効き目があったか，その動物はどこから来たかについて考えさせたい。

② **論理性について**

　それぞれの動物の登場順と役目の関係に着目したい。動物が登場する順序はこれでよいのか。例えば，アフリカ象の登場順である。動物たちの登場順を並べ替えてみると，物語の構造が変わり，繰り返しのおもしろさが失われるだけでなく，サラダが完成できなくなる。子どもたちは，順序が変わるとその動物の役目は果たせたのだろうかという順序性の意味を吟味する必要に迫られる。

③ **交流性について**

　それぞれの，動物の登場の仕方や役割について自分の読みが言えるよう，子どもたちが文章を丁寧に読み取る時間をもつ。それを根拠に，友達とペアで動作化しながら互いの意見を交換する。さらに全体発表でそれぞれの子どもたちの意見を交流する。その後，子どもたちに動物がりっちゃんに教えたかった元気を，その動物になりきってつぶやきを書く活動を促す活動を積み重ねる。動物が登場する順に，誰がどこから来たか動物の絵をりっちゃんを起点として図にすることも，空間やサラダに入る力の拡大や順序の意味をとらえやすくする。また，朝読書の時間に他の物語文を読ませ，繰り返しの意義や有無を比較させたい。

第3章 アクティブ・ラーニングを実現する物語文の発問づくり

2 教材の構造

お母さんが病気になったので、おいしいサラダを作ることにしたりっちゃん

だれが、何をしたか。（それぞれの動物の何が、どんな効き目があったか）

①りっちゃん　　きゅうり　キャベツ　トマト
②のらねこ　　かつおぶし（木登りだって上手になる）
③となりの犬　　ハム（ほっぺたが桃色に光り出す）
④すずめ　　とうもろこし（げんきになる歌が上手になる）
⑤あり　　おさとう（はたらきもの）
⑥おまわりさんを乗せた馬　　にんじん（かけっこはいつも一等賞）
⑦北極海の白くま　　うみのこんぶ（かぜひかぬ、いつもげんき）
⑧アフリカ象　　油と塩と酢（スプーンを鼻で握って、力強くくりんくりんとかき混ぜた）

全ての力を、一つにして美味しくパワーアップする役目

パワーアップしたサラダの効き目（りっちゃんの願いの成就）

○りっちゃんのお母さんは、サラダを食べてたちまち元気になりました。

3 発問づくりのポイント

① 課題性から論理性へ

「それぞれの動物の何がそんなに効き目があったのか」「アフリカ象の役目は何か」「アフリカ象の登場はこの順序でよかったのか」という問題意識をもたせることが、課題性の発問づくりのポイントである。それが、動物が登場する度にサラダの力がスピードを増してせり上がっていく物語構造に目を向けさせる。そして、「くりかえしの話」の文章に立ち返り登場人物の順序性の理由や根拠を見付ける活動へと向かわせることが論理性の発問づくりのポイントである。

② 交流の必然性をつくる

果てしなく拡大するりっちゃんのサラダの世界を収束させ、動物すべての力を一つにするアフリカ象の役目は大きい。そこで、「なぜ最後にアフリカ象は来たのか？」と発問する。「味付けするには最後じゃないといけない。」「みんなの力を一つにするにはアフリカ象のように大きくて力がいる。」等の意見が出るだろう。「力でいえば白くまでもいいのでは？」と発問することで「アフリカ象の役目は何だったのか」と役割と順序の意味について交流の必然性が起こる。

4 単元の目標

- いろいろな動物が繰り返し教えに来る話であることに着目し，誰がどこから来て何を教えたかを読み，登場人物の役割と順序性の意味をとらえることができる。
- りっちゃんの話を聞きながらサラダを食べたお母さんになって，りっちゃんやいろいろな元気をくれた動物へたちまち元気になれたお礼の手紙を書くことができる。

5 単元の計画（全7時間）

次	時	学習のめあて	ALの評価ポイント
一	1	・「サラダでげんき」を読んで，学習の課題を決めよう。	○それぞれの動物がどんな元気を教えてくれたのかに気を付けて読み，「りっちゃんのお母さんは，なぜたちまち元気になることができたのだろうか」という学習課題をつかむことができる。
二	2	・りっちゃんがサラダを作ることを決めた様子を読み取り，その理由や思いを考えよう。	○りっちゃんが一生懸命考える様子や言動から，お母さんがたちまち元気になるおいしいサラダを作りたいという思いをとらえることができる。
	3	・どんな動物が出てきたか，順序に気を付けて場面ごとの内容を読もう。	○動物たちがどんな順番で登場しているのかを動作化しながら交流し，役割と理由をとらえることができる。
	4	・動物たちが薦めてくれた材料と，それを食べたらどうなるのかを読もう。	○それぞれの動物たちの会話から，薦めてくれた材料と，それを食べるとお母さんはどんな様子になるのか話し合い，元気になる姿を想像することができる。
	5	・動物たちはどんな元気をお母さんにあげたかったのか，その動物になりきって考えよう。	○それぞれの動物が教えた材料や効き目から，お母さんにあげたかった元気を動物になってつぶやきを書き，交流することができる。
	6 (本時)	・それぞれの動物がどこからどんな力をどんな順序でもってきたか絵を並べて，登場する順序の意味を見付けよう。	○「身近な動物から地球の果ての動物へ」「野性，空，地中，海の力へ」の拡がりをアフリカ象の力で一つにする繰り返しの物語の順序から，アフリカ象の役割の意味を見出すことができる。

| 三 | 7 | ・お母さんからりっちゃんへお礼の手紙を書こう。 | ○りっちゃんとサラダを食べたお母さんはどんな動物からどんな元気をもらった話をしているか考え，お母さんからりっちゃんへお礼の手紙を書くことができる。 |

6 授業の流れ（第二次・第6時）

☆授業のねらい
　登場してきた動物の中で一番大事な役目をしているものは何かを話し合うことを通して，アフリカ象の登場順序の意味を読むことができる。

☆授業の展開

①アフリカ象の必要性について話し合う。
（10分）

> 発問　出てきた動物の中で，一番大事なものは何でしょう？

- りっちゃんがサラダを作るのを手伝いに，どんな動物が出てきたか，確認しながら，ランダムに黒板に貼っていく。「順番がちがうよ！」という子どもたちに絵を並べ替えさせ，順序性を意識させる。
- この中で，一番大事なものは何か，抜けては困るものは何かを話し合い，アフリカ象が抜けるとサラダが完成しないことにに気付かせる。

②動物たちの登場順をかえてもよいか話し合い，この順序でなければならない理由を考える。
（15分）

> 発問　動物たちの出てきた順序には，意味があるのかな？
> 　　　　　　　　　　　　　　　　　【軸となる発問】

- 「アフリカ象は最初でもいいのではないかな？」と問い，最後でなければ味を付けられないことから，順序の意味に目を向けさせる。
- 「遠くから来て力があるのは白くまも同じなので，アフリカ象と入れ替わってもいい？」と動物の距離と役目を問題にする。りっちゃんの家を起点に，動物たちがどこから来たか絵を貼って確認する。そのようなことを通して話し合わせる。「白くまは，かぜひかぬというりっちゃんが一番ほしい元気を教えてくれているから入れ替われない。」「近くから遠くに並んで，白くまの元気に向かって教える材料の元気も強くなっている。」という子どもたちの発言が期待できる。「もし，反対に並んだら？」「動物の来るスピードは？」と発問してもよい。

65

③象の役目と最後という登場順との関係について話し合う。（10分）	発問　アフリカ象の役目は，味を付けて混ぜるだけ？【再考する発問】
	・「味付けをするためには，最後に来なければならなかった。」とアフリカ象と順序の関係性に気付き始めた子どもたちに，「なぜ，最後の順序でなければ仕事ができなかったのだろう。」とアフリカ象の仕事の意味について思考を誘う。子どもたちは，前時に自分がつぶやいた動物たちのあげたかった元気をノートに書いている。それをもとに話し合い，味付けだけでなく，みんなの元気を一つにまとめるという大きな役目があったことに気付かせる。

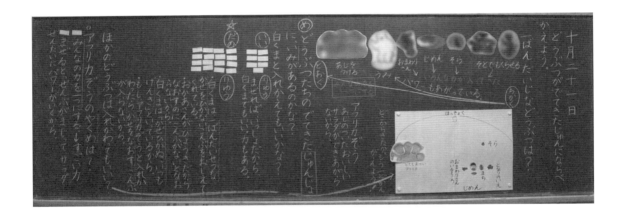

④アフリカ象がりっちゃんのお母さんにあげたかった力を，アフリカ象になりきってつぶやきを書く。（10分）	発問　アフリカ象が最後に来たことで，どんなサラダができましたか？
	・りっちゃんのサラダに動物たちの元気を「くりんくりん」と力強くまとめて一つにしたことで，どんな力が込められたサラダになったのか，つぶやきを書かせる。
	・動物たちの持ってきた材料には，家の外，地中，空，海など，様々な場所や環境で生きてきた動物の力も込められている。例えば，「のらねこや，隣の犬は家の外でも元気に暮らしているよ。」「ありは，小さな身体であんなに地面の中まで，深くほって家をつくるくらい働き者で元気だよ。」「白くまは，北極の冷たい海でも，こんぶを食べて元気だよ。」等の意見が予想される。このようなつぶやきを紹介し，価値付ける。

7 評価のポイント

〈本時までに，子どもたちが書いてきたつぶやきの一部〉

のらねこ	ぼくは，りっちゃんのおかあさんに，ひとりでもいきていける力をあげたよ。けんかもつよくなるよ。
隣の犬	わたしは，おかあさんのほっぺたがももいろになってえがおになる力をあげた。
すずめ	わたしは，りっちゃんのおかあさんにうたがじょうずになって，あぶないときもみんながたすけてくれるぱわあをおしえたよ。こえもかれないで，げんきなこえがでるよ。
あり	わたしは，りっちゃんのおかあさんにいつもはたらきものになる力をあげたよ。
うま	わたしは，りっちゃんのおかあさんにかけっこでいつもいっとうしょうになるぱわあをあげたよ。
白くま	わたしは，りっちゃんのおかあさんに，うみのこんぶを入れたらかぜひかないでいつもげんきになる力をあげたよ。きたのさむいうみでもおよげるよ。

〈本時に，子どもたちが書いたアフリカ象のつぶやき〉

A児	きょう，ぼくは，りっちゃんのおかあさんに，サラダにドレッシングをかけておいしくしてたべさせてげんきをあげたかったよ。
B児	ぼくは，りっちゃんのおかあさんにあげたかったぱわあは，げんきになるぱわあだよ。
C児	ぼくは，りっちゃんのおかあさんに，力もちになる元気をあげたかった。
D児	ぼくは，おいしいサラダで，みんなのパワーをあげたかった。
E児	みんなはじめんやそらやきたのうみからきたよ。ぼくは，さいごにきてみんなの力をまぜて，りっちゃんのおかあさんにスーパーマンみたいな力をあげたよ。

A児は，アフリカ象に同化して，病気のお母さんに美味しく食べさせたいという気持ちを表現することができている。B児C児は，アフリカ象がみんなの力の込もったサラダをお母さんにあげたかった気持ちを表現し，サラダにみんなの力が込められていることへの気付きが見られる。E児は，アフリカ象は，味付けだけではなく，今まで出てきた動物たちの力を一つにしてパワーアップする役目があったことを表現することができている。

（叶井晴美）

〈引用・参考文献〉
○長崎伸仁編著『「判断」でしかける発問で文学・説明文の授業をつくる』学事出版，2014年11月
○田中実，須貝千里編『文学の力×教材の力　小学校編1年』教育出版，2001年3月

第 ② 学年　「かさこじぞう」（東京書籍）

3 主張・根拠・理由付けを交流の軸にする

1 アクティブ・ラーニングを取り入れるポイント

　本作品「かさこじぞう」は，大晦日に餅も買えないくらい貧乏なじいさまとばあさまが，夏の間に刈り取っておいたすげで作った笠や，普段から使っている手ぬぐいを，地蔵様に被せてあげたことで，正月用の餅やお飾りなどが届けられ，よい正月を迎えたという昔話である。
　本単元は，中心人物であるじいさまとばあさまの言動と，地蔵様が餅やお飾りなどを届けたという出来事との関係を探ることを通して，中心人物の人柄を見出し，作品の味わいを伝え合うことができるようになることをねらいとする。

① 課題性について

　初読後，多くの子どもは，地蔵様から餅やお飾りなどが届けられた理由を，じいさまが，笠や手ぬぐいを被せてあげたことに対する恩返しだと考えるであろう。しかし，ばあさまのことも探していたことを示す叙述をもとにすると，2人の温かい人柄が地蔵様の心を打ち，このような出来事が起きたという関係もとらえることができる。そこで，単元を貫く課題を，「地蔵様が，餅やお飾りなどを届けた理由を探ろう」と設定する。単元を通して課題を追究する中で，子どもは，新たな解釈を発見し，読み深める楽しさを味わうことができるようになると考える。

② 論理性について

　問いに対して，子どもは，主張のみを述べたり，叙述の意味を解釈せずに理由付けを述べたりすることがある。それでは，子ども自らが，互いの意見を関係付けることは難しい。そこで，教材文の叙述を根拠，根拠と主張とのつながりを表したものを理由付けとし，主張・根拠・理由付けを分けて表出させる。そうすることで，子どもは，自分や友達の意見のふさわしさを判断し，意見と意見とを関係付けていくことができると考える。

③ 交流性について

　問いに対して複数の主張が挙がっている場合，同じ主張でも根拠や理由付けが異なる場合に，互いの意見を交流させる必要感が生まれる。そこで，問いに対する主張が同じ者で小集団を組み，根拠と理由付けとを探らせる。そうすることで，子どもは，他の主張をもつ友達に，自分たちの主張をわかってもらおうと，根拠にしっかりと目を向けたり，自分の言葉で理由付けを述べたりすることができると考える。また，全体の場で，複数の主張や多様な根拠と理由付けとが表出され，子どもは，自分では気付かなかった視点からも，学習課題について見つめ直すことができるであろう。

2 教材の構造

大晦日に餅も買えないくらい貧えないじいさまとばあさま
（出来事や言動からわかる、二人の様子や気持ち、人柄）

○ 餅を買うために、すげで笠を五つ編む
　└ 餅を買って年を越したい二人

○ じいさまは、笠が売れず、餅がないことを残念に思うであろう、ばあさまのことを心配しながら帰る
　└ ばあさまのことを思いやるじいさま

○ じいさまは、雪に埋もれた六人の地蔵さまに、笠と自分の手ぬぐいを被せる
　└ 自分のことよりも、地蔵様のことを思いやるじいさま

○ ばあさまは、笠を被せた話を聞き、嫌な顔もせず「ええことをしなすった」と言う
　└ じいさまと地蔵様のことを思いやるばあさま

○ 二人で、餅つきの真似事をして床につく
　└ 餅はなくても、明るく正月を迎えようとする二人

　↓ 地蔵様の心を打つ

地蔵様から餅やお飾りなどが届き、よい正月が迎えられたじいさまとばあさま

3 発問づくりのポイント

① 課題性から論理性へ

　単元を貫く課題を設定する際には，子どもが追究したいと思える工夫をしたい。本単元では，初読後に「じいさまが，笠や手ぬぐいを被せてあげたから，餅やお飾りなどが届いた」という感想が挙がるであろう。そこで，「地蔵様が餅やお飾りなどを届けた理由は，笠や手ぬぐいを被せてもらったからだけか」と問う。子どもは，「じいさまも寒いのに，雪を落としてあげている。」「笠を全部あげたら困るのにあげている。」などとつぶやき始めるであろう。そこで，再び作品に目を向けている子どもに，「地蔵様が，餅やお飾りなどを届けた理由につながる本文を探してみよう。」と投げかけ，主張・根拠・理由付けの関係を明らかにさせるのである。

② 交流の必然性

　地蔵様が，餅やお飾りなどを届けたという出来事の意味を探らせる際には，まず，じいさまの言動とその出来事との関係をとらえさせる。そして，「地蔵様が餅やお飾りなどを届けたのは，じいさまだけのためか。」と問う。すると，子どもは，じいさま以外にもあるのだろうかと迷い始めるであろう。そのようなときこそ，友達の考えをもっとも聞きたいと思い，交流の必然性が生まれるのである。

4 単元の目標

- 中心人物の人柄について,言動と地蔵様が餅やお飾りなどを届けたという出来事との関係に着目しながら読み進め,作品から伝わる温かさを味わうことができる。
- 作品から感じたことを,昔話かるたの読み札として表現することができる。

5 単元の計画（全7時間）

次	時	学習のめあて	ALの評価ポイント
一	1	・作品の感想を伝え合い,学習課題を決めよう。	○作品の最初と最後の,じいさまとばあさまの様子の違いをとらえ,そのような変化を生んだ出来事が起きた意味を探るという課題をつかむことができる。
二	2	・正月を迎えるじいさまとばあさまの気持ちをつかもう。	○家の中の様子と,じいさまとばあさまの言動とを比べながら,正月を迎える様子について話し合い,正月らしいものを準備したいという思いをとらえることができる。
	3	・地蔵様に笠や手ぬぐいを被せるじいさまの様子を探ろう。	○じいさまが地蔵様にしたことを動作化して話し合い,じいさまの,地蔵様を思いやる気持ちをとらえることができる。
	4	・床についたときの,じいさまとばあさまの気持ちを探ろう。	○家に帰ってからのやりとりをもとに,床についたときの2人の気持ちについて話し合い,もちこなしの年越しでも,明るく正月を迎えようとしている姿をつかむことができる。
	5（本時）	・地蔵様が,餅やお飾りなどを届けたという出来事が起きた理由を見出そう。	○2つの主張から挙がった2人の言動を結んだり,人柄の共通点をまとめたりし,この2人だからこそ起きた出来事であることをとらえることができる。
三	6	・昔話かるたを完成させよう。	○読み札が友達に伝わる表現になっているか推敲したり,取り札の絵を完成させたりすることができる。
	7	・昔話かるた比べをしよう。	○読み札に表した事柄や,表現の意図について,互いのよさに気付いたり,共通点に目を向けたりすることができる。

6 授業の流れ（第二次・第５時）

☆授業のねらい

　地蔵様が，餅やお飾りなどを届けたという出来事の意味について，じいさまとばあさまの言動をもとに話し合うことを通して，２人の明るく思いやりのある人柄をとらえることができる。

☆授業の展開

①餅やお飾りを見たじいさまとばあさまの様子について，話し合う。（5分）	**発問　２人は，餅やお飾りを見て，どう思ったでしょうか？** ・挿絵を提示し，餅やお飾りなどを見たじいさまとばあさまのせりふを想像させ，板書していく。そして，「最初の場面の２人の様子と，どのように違うかな。」と問い，地蔵様から餅やお飾りなどが届いた場面と，それまでの場面との状況の違いが，浮き彫りになるようにする。
②地蔵様が，正月用の餅やお飾りなどを届けたという出来事の意味について話し合う。（20分）	**発問　地蔵様は，なぜ，餅やお飾りなどを届けたのでしょうか？　【軸となる発問】** ・子どもが，それまでの場面の状況との違いに目を向けたところで問い，めあてを板書する。 ・そして，まず，自分の主張・根拠・理由付けをノートに書かせる。例えば，「じいさまは，自分のつぎはぎの手ぬぐいをとると，いちばんしまいのじぞうさまにかぶせました」を根拠に，「じいさまは，貧乏で，手ぬぐい１枚をあげるだけでも困るだろうに，地蔵様のことを心配して，手ぬぐいもくれたから」と理由付け，「地蔵様は，親切にしてもらったことが嬉しくて，餅やお飾りなどを届けた」と主張することが考えられる。主張を発表させた後，それが似ている者同士で小集団を組ませる。 ・次に，小集団で，互いの根拠・理由付けについて交流させる。その際，意見を説明するときに用いる根拠を１つ，短冊に書かせておく。 ・さらに，全体での交流の場を設ける。根拠が同様の意見は，短冊を並べて板書することで，理由付けを比べやすいようにし，じいさまの言動に対する考えを，広げられるようにする。 ・じいさまだけでなく，ばあさまの言動に目を向けた意見が挙がることも考えられる。その際は，その意見を再考する発問に生かす。

| ③2人に共通する人柄について話し合う。（10分） | 発問　地蔵様が餅やお飾りなどを届けたのは，じいさまだけのためなのでしょうか？　　　　　　　　　　　　　　　　【再考する発問】
・子どもが，出来事と，じいさまの人柄との関係を見出したところで，「地蔵様は，どのように餅やお飾りなどを届けたのかな。」と問い，地蔵様の歌の歌詞を確認させる。そして，「ばさまのうちはどこだ」という叙述から，「じいさまだけのために届けたのかな。」と問う。
・子どもから，「ばあさまのためにも届けたのではないか。」という発言が出たところで，そう考える根拠と理由付けとを探らせる。
・出来事と，ばあさまの人柄との関係がとらえられたところで，「じいさまとばあさまの，似ているところはどんなところかな。」と問い，地蔵様の心を打った，2人に共通する人柄をとらえさせる。 |

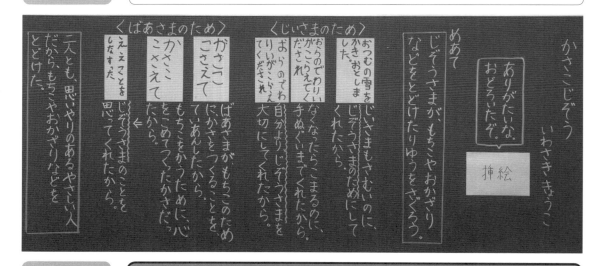

| ④昔話かるたの読み札を作る。（10分） | 発問　どのような読み札を作りますか？
・読み深めたことについて，「昔話かるた」の読み札になるようにまとめることを投げかける。
・短い言葉でまとめられるように，地蔵様が餅やお飾りなどを届けた理由や，じいさまとばあさまの人柄について記述したノートの文章から，一番伝えたい言葉を選ばせる。
・作った読み札について，ペアで交流させることで，互いの感じ方の違いや，表現方法のよさに気付くことができるようにする。 |

7 評価のポイント

単元の第二次を通して、子どもは、読み深めたことを、かるたの読み札の形式でまとめた。

A
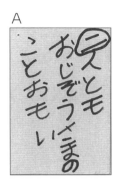

B
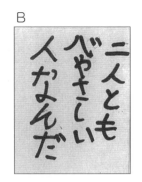

C
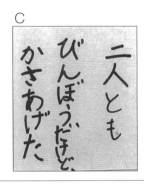

D
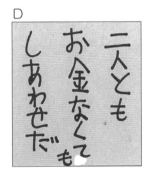

　2人に共通する人柄をとらえさせたことで、どの読み札も、「二人とも」という言葉を用いて、じいさまとばあさまから感じたことを表現していることがわかる。
　Cは、「二人とも」が「かさあげた」と表現している。実際に笠をあげたのはじいさまであるが、ばあさまも、地蔵様に対して、じいさまと同じ思いであったことをとらえられたため、このような表現になったのであろう。
　また、Dは、じいさまとばあさまが、貧乏だからかわいそうと考えていた子どもが、温かく明るい人柄をとらえ、貧乏でも幸せであると考えを変えたことが表現されている。

（住江めぐみ）

〈引用・参考文献〉
○香月正登編著『あらゆる教材を『図解』する！小学校国語科教材研究シートの活用』東洋館出版社，2013年8月
○田中実，須貝千里編『文学の力×教材の力　小学校編2年』教育出版，2001年3月
○鶴田清司，河野順子編著『論理的思考力・表現力を育てる言語活動のデザイン　小学校編』明治図書，2014年8月

第③学年 「サーカスのライオン」(東京書籍)

4 繰り返し用いられる表現から，気持ちの変化を見出す

1 アクティブ・ラーニングを取り入れるポイント

　子どもの主体的な学びを呼び起こすには，子どもが単元や授業の見通しをもてることが大切になる。物語文の授業であれば，例えば，作品の始まりと終わりの中心人物の大きな変容について，単元の導入段階でいったん共有することで，「なぜ，中心人物の気持ちは変わったのかな」「中心人物の変化は，何を意味するのだろう」と問いをもち探る意欲の高まりが期待できる。

　本教材は，単調な生活にやる気を失ったサーカスのライオン・じんざが，男の子との交流や火事からの命懸けの救出を通して，かつての自分を取り戻す物語である。こうした中心人物の変容がどのような描かれ方をしているのかに着目して，読み解くことを経験させたい。

① **課題性について**

　本単元の中心課題は，中心人物の気持ちを読み解くために有効な，作品中で繰り返し用いられる「風」「目」「足」などの表現を見出すことである。そうした表現のうち，変容を効果的に表していると考えるものを各自選び，レポートにまとめる活動を単元末に位置付ける。繰り返し用いられる表現には，気持ちが読み取れるものとそうでないものがある。ある表現に着目し，作品全体を通した用いられ方を探ることで，子どもは，その違いを見出していくだろう。

② **論理性について**

　本単元では，中心人物の変容を読み解くために，表現の比較を核に据える。つまり，場面と場面を比べる際，繰り返し用いられる表現に着目して，心の動きを読み取らせるのである。まず，繰り返し用いられる表現の一つを取り上げて比較し，様々な場面での用いられ方を確認させる。次時では，同じ表現に関心をもつ子どもでグループを組み，その表現の用いられ方と気持ちの変化との関連を探らせる。例えば，「風」の表現を探るグループは，アフリカの夢の中の「風」と火事に向かう「風」の共通性に，「おいぼれ」からの変化を見出すだろう。このように，繰り返し用いられる表現を比較することで，物語における言葉の効果に気付かせるのである。

③ **交流性について**

　自他がもつ情報や考えの差異が，交流の前提となる。本単元では，複数の表現から各グループが見出したことを照らし合わせる場を設ける。「他の表現では，どんな変化が表れていたのかな？」という思いを，交流に生かすのである。例えば，「風」という表現から読み取った気持ちの変化を，「体」「色」などの他の表現から読み取った変化と照らしていくことで，じんざのやる気の変化を表す表現が，火事前後の箇所に集中して使われていることを見出していくだろう。

2 教材の構造

場面	①昔の夢をみるじんざ	②男の子と出会うじんざ	③男の子の話を聞くじんざ	④命を懸けて男の子を救うじんざ	⑤サーカス最終日
繰り返し用いられる表現の例	風…じんざは風のように走っていた（夢の中）	目・色…おまえの目も白くにごってしまったよ	足…ゲクッと足をつっこんだ / 足…足をそっとかくした / 目…目を細くして受けとった / 体…体に力がこもった	目…目がぴかっと光った / 体…体がぐうんと大きくなった / 風…ひとかたまりの風になって / 足…足のいたいのもわすれて	目…両手で目をおさえた / 色…さっきまでのすすけた色ではなかった / 色…金色に光るライオン
	・じんざの状況・気持ち ・アフリカの夢と対照的な、単調な生活 ・失われたやる気	・自分を心配し、期待してくれる男の子の存在	・男の子の火の輪くぐりへの期待 ・取り戻した、若い頃のようなやる気	・絶体絶命の状況での男の子の救出 ・何としても助けるという必死な思い	・光るライオンの最期 ・やり切った思い ・みんなからの拍手

3 発問づくりのポイント

① 課題性から論理性へ

単元の序盤で、サーカス小屋を図化しながら設定を確認し、「風は、図に描き込むほど、いつも吹いているか？」と問うと、子どもは、作品中で、「風」の表現が繰り返し用いられていることに気付く。そうした表現が他にもあることに着目させると、子どもは、「なぜ、繰り返し出てくる言葉があるのかな？」と課題をもち始める。そこで、繰り返し用いられる表現をもとに、場面を比較する場を設ける。教師は、そうした表現一つ一つが、じんざの気持ちをとらえる上で、どういった有効性と限界をもつのか、つかんでおく必要がある。ここでは、まず、「目」の表現に着目させる。4か所で用いられる「目」の表現は、「やる気のなさ→嬉しさ→やる気の強さ→（死）」というじんざの気持ちの変化をとらえる上で有効である。一方で、「男の子を何としても助ける」という強い思いのある場面では、用いられていない。こうした表現ごとの特徴をつかみ、どのような順序で提示するかを考えて、単元を構成することが大切なのである。

② 交流の必然性をつくる

交流する必然性は、子ども一人ひとりがはっきりとした立場をもつことで生まれやすくなる。本時では、4つの「目」の表現のうちもっとも強い思いを表すものを選ばせたり、火に飛び込むときの気持ちを「目」の表現に置き換えさせたりして、自他の考えの違いや共通点を明確にする。

4 単元の目標

- 間接的に気持ちを表す表現に着目して，それらの表現を比べ，作品を通した中心人物の気持ちの変化をとらえることができる。
- 中心人物の気持ちに，より迫る表現について交流し，「サーカスのライオンレポート」にまとめることができる。

5 単元の計画（全7時間）

次	時	学習のめあて	ALの評価ポイント
一	1	・「サーカスのライオン」を読んで，物語の流れをつかもう。	○時間の変化を表す言葉に着目して，場面の移り変わりをつかみ，物語全体を「～なじんざが，……なじんざになる話」という1文にまとめることができる。
	2	・繰り返し用いられる表現には，どのようなものがあるのかをつかもう。	○サーカス小屋を図示する中で繰り返し用いられる表現が数種類存在することに気付き，そうした表現の種類ごとに異なる色の傍線を引いて区別することができる。
二	3（本時）	・それぞれの「目」の表現が，じんざのどのような気持ちを表しているのかをつかもう。	○繰り返し用いられる「目」の表現が，じんざの気持ちを表していることをつかみ，他にも同様な表現がないかを探る見通しをもつことができる。
	4	・自分の選んだ表現から，じんざの気持ちの変化を読み取ることができるかを探ろう。	○選んだ表現の用いられ方から，じんざの気持ちを表す上での，その表現の効果の大きさを説明することができる。
	5	・繰り返し用いられる表現を比べ，じんざの気持ちの変化を読み取るのに役立つ表現を見出そう。	○複数の繰り返し用いられる表現を比較し，じんざの気持ちをよく表している表現を選んで，理由を述べることができる。
三	6	・「サーカスのライオンレポート」に，選んだ表現のよさを表そう。	○選んだ表現の，作品中での用いられ方と，じんざの気持ちとの関係をレポートにまとめることができる。
	7	・「サーカスのライオンレポート」を完成させ，互いのレポートのよさを見付けよう。	○友達のレポートを読み，叙述と気持ちとのつながりについて，付箋にコメントを記述することができる。

第3章　アクティブ・ラーニングを実現する物語文の発問づくり

6 授業の流れ（第二次・第3時）

☆授業のねらい
　じんざの「目」の表現とじんざの気持ちとのつながりについて話し合うことを通して、繰り返し用いられる表現の中には、登場人物の気持ちを表すものがあることをつかむことができる。

☆授業の展開

①繰り返し用いられる「目」の表現を確認する。（5分）	発問　この物語には、どのような「目」の表現が出てきましたか？
	・前時までに、作品の中で繰り返し用いられる表現を、「風」「足」「目」のように種類ごとに異なる色の傍線で、視覚的に区別できるようにさせておく。それをもとに、「目も白くにごってしまった」「目を細くして」「目がぴかっと光った」「両手で目をおさえた」の4か所の「目」の表現と、その順序について確認し、板書にも記す。「4か所も出てくるなんて、目に何か意味があるのかな？」と尋ね、疑問やつぶやきを引き出した上で、本時のめあてを板書する。

②「目」の表現と、じんざの気持ちの変化とのつながりについて話し合う。（15分）	発問　じんざの「目」の表現のうち、じんざのもっとも強い思いを表しているのは、どれでしょうか？　【軸となる発問】
	・4か所の「目」から、各自で1つ選ばせ、理由を書かせる。全体で発表させ、どれに多くの意見が集まったのかを板書でわかるようにした後、「じんざの目の表現のうち、じんざの気持ちが大きく動いたのはどれでしょうか？」と再度問う。「目がぴかっと光った」の表現から、これまでのやる気のないじんざとは大きく変わっていることをつかませたい。また、「目」の用いられ方の変化を追うことで、気持ちの変化をつかむことができるという読み方を全体で確認する。
	発問　では、物語全体で、じんざがもっとも強く心を動かした場面は、今選んだところでよいですか？
	・じんざが走り出したり、火に飛び込んだりするときには、「目」の表現がないことに着目できるようにする。この発問が、「再考する発問」のきっかけとなる。

③「目」の表現がない箇所でのじんざの「目」の様子を想像して書き，話し合う。
（15分）

発問　じんざは，火に飛び込むとき，どのような「目」をしていたのでしょうか？　【再考する発問】

- 「火に飛び込むときにも，じんざの心が動いていそうだ」という思いが共有されたことを受けて，この発問をする。文中では描かれていないじんざの「目」が，どのようなものかを想像させ，子ども一人ひとりに「～の（な）目」と名付けさせた上で，短冊に書かせる。そして，グループで，名付けた理由を伝え合わせた後，全体で発表させる。名付けられた「目」は，「やる気の目」「勇気の目」などの抽象度の高いものになると考えられる。そこで，叙述を根拠とした具体的な理由付けを引き出しながら，意見を比べさせていくことで，男の子を助けようとする思いの強さに焦点化できるようにする。

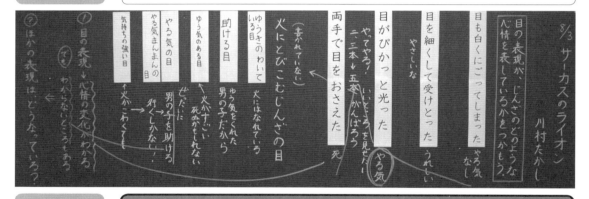

④「目」以外の繰り返し用いられる表現から，この場面のじんざの気持ちを表していそうなものを探る。
（10分）

発問　みんなが「目」に込めたじんざの気持ちは，作品の中の，「目」以外のどのような表現に表れていそうですか？

- まず，本時のまとめとして，「目」の変化からわかることと，わからないことについて，ノートに記述させる。その後，「目」の表現がない箇所でも，じんざの気持ちが大きく動いていることを確認してから，この発問をする。そして，次時以降で追究してみたい他の繰り返し用いられる表現について，理由とともに記述させる。さらに，全体の場で，それぞれが選択した表現について発表させ，価値付けていく。こうすることで，本時で見出した，「繰り返し用いられる表現の用いられ方を探れば，気持ちの変化を探っていけそうだ。」という手応えを子どもに自覚させた上で，次時からの探究に向かっていくことができるようにする。

7 評価のポイント

（3）

（2）

（1）

A児の本時（第二次・第1時）のノート

（1）「軸となる発問」を受けて，4つの「目」の表現からもっとも強い思いを表すものとして「目がぴかっと光った」を選んでいる。その理由の記述には，単元のはじめに共有した変容前のじんざの姿との違いが，根拠として表されている。選択を迫る発問によって，変容前の姿と比較する思考が促されていることがうかがえる。

（2）「再考する発問」を受けて，じんざが火に飛び込むときの「目」を，「わかいころ草原を走ったときの目」と表現している。これは，男の子のアパートに向かう場面の「むかし，アフリカの草原を走ったときのように」という叙述を根拠に，じんざの「目」を想像したものであろう。描かれていないものを想像させたことで，手がかりとなりそうなじんざの行動や場面の様子を関係付けたと考えられる。また，話し合い後の記述からは，「再考する発問」をもとにした話し合いの中で，新たに根拠となる叙述を付け足し，自分の考えを強化していることがわかる。

（3）終末の発問を受けて，次時以降に探ってみたい言葉として，「足」を挙げている。「再考する発問」をもとにした話し合いにおいて，走るじんざの様子を読み解く中で，気になっていた表現を挙げたと考えられる。繰り返し用いられる表現から，じんざの気持ちの変化について探る手応えを感じながら，次時に向かおうとしている様子を見取ることができる。

（花岡鉄平）

第❹学年　「一つの花」（光村図書）

5 視覚化で読む世界を拓く

1 アクティブ・ラーニングを取り入れるポイント

　本教材「一つの花」は，戦争という厳しく貧しい時代を懸命に生きる一家に焦点を当てた物語である。物語はゆみ子の成長を中心にして進んでいくが，ゆみ子の気持ちの変化が核となって展開されているわけではない。ゆみ子を思うお父さんやお母さんの心の動きに語り手が寄り添いながら描写されている。
　本単元では，場面同士の情景を比べたり，情景を想像しながら絵を描いたりして，登場人物の気持ちの変化や場面の移り変わりに迫っていきたい。

① **課題性について**
　「一つの花」は，様々な人物に焦点を当てながら読むことができる教材である。お父さんやお母さん，ゆみ子の気持ちを関係付けて読むことで，ゆみ子が置かれた状況の変化やゆみ子の成長の様子が見えてくる。したがって，中心課題として設定したのは，「十年後のお母さんになりきって，お父さんに手紙を書こう」である。そのために，ゆみ子のこれからの成長を不安に思う戦争中のお父さんの気持ちの動きを読み取ったり，戦争中と十年後のお母さんの気持ちとを対比したりする時間を取りたい。

② **論理性について**
　キーワードは比較である。まず１点目は場面同士を比較することである。例えば，お父さんがゆみ子にコスモスを渡してにっこり笑う場面とお父さんがゆみ子を高い高いする場面，あるいは，戦争中の最初の場面と十年後の場面のように場面同士を，登場人物の気持ちや行動，場面の様子等について比較する。そうすることで，登場人物の気持ちや情景の変化が見えてくる。
　２点目は，「一つだけ」という言葉の比較である。この言葉は，一方では，にぎりめし等の食品の形容詞として扱われ，物質的貧しさを表しているが，他方では，他にはない「一つだけのお花」というように精神的豊かさが象徴されている。父が出征前に一輪の花に込めた「一つだけのお花，大事にするんだよう―。」というメッセージが題名にも重なっている。そして，十年後は，「一つだけ」のコスモスではなく，「いっぱい」のコスモスに包まれていることになる。「一つだけ」という言葉に焦点を当てることで，場面の移り変わりやゆみ子の成長に気付くことができるようになる。

③ **交流性について**
　ゆみ子がお父さんに花をもらってキャッキャッと足をばたつかせて喜んだとき，「花を見ただけでそのように喜ぶとは，ゆみ子には花がどんなふうに見えたのだろう」と子どもが抱く問

いを大事にして，ゆみ子が見た花のイメージを絵に描かせる。その際，絵とともに浮かんだイメージを文章にして添えさせる。それをもとにグループでゆみ子が見た花のイメージを交流させる。この交流を通して，ゆみ子が味わった美しいものや健気に生きるものへの感動を友達と共感できると考える。また，そのような価値観をゆみ子がもっていることに気付いたお父さんの喜びを，子どもが理解できるようにつなげていきたい。

2 教材の構造

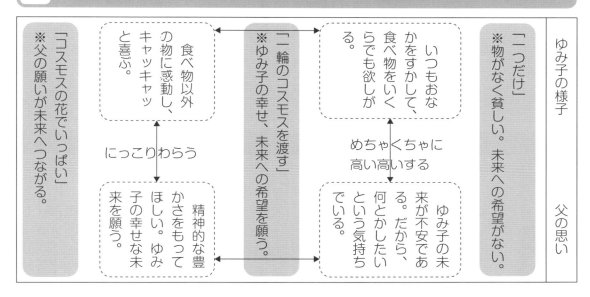

3 発問づくりのポイント

① 課題性から論理性へ

ゆみ子が花をもらい喜んだ様子を見てお父さんがにっこり笑ったことについて，「お父さんがにっこり笑った理由は，『ゆみ子の機嫌がなおったから』だけですか？」と問う。子どもは，この場面からだけなら，ゆみ子の機嫌がなおったからお父さんが笑ったということに納得するだろうが，何となく釈然としない思いをもつだろう。そこで，ゆみ子が見た花のイメージを絵に描かせて，ゆみ子が美しいものに心を動かす感性をもっていることに気付かせる。さらに，「お父さんの気持ちは，めちゃくちゃ高い高いしたときと比べて，どうでしょうか？」と問い，場面同士のお父さんの気持ちを比較する。そうすることで，お父さんのゆみ子を思う気持ちが，不安から安心に変化していることに気付き，お父さんがにっこり笑った背景が見えてくるのである。

② 交流性の必然性をつくる

本時では「ゆみ子には，コスモスがどんなふうに見えたのでしょうか。」と発問する。そし

て，ゆみ子が見た花のイメージを絵に描かせると，「友達はどのような絵を描くのかな」「描いた絵には，どんな気持ちを込めたのかな」など，友達とかかわりたいという思いをもつだろう。また，互いに絵を説明するために添える文章をわかりやすくしようと考えるだろう。交流を意識させることが，友達へのよりよい説明の仕方を求め，読みを深めることにつながる。

4 単元の目標

- 「一つだけ」という言葉をキーワードに場面同士を比較しながら，登場人物の気持ちや情景の変化を読むことができる。
- 十年後のお母さんの視点に立って，ゆみ子の成長や家族への思いをお父さんへ手紙として書くことができる。

5 単元の計画（全6時間）

次	時	学習のめあて	ALの評価ポイント
一	1	・物語の感想を交流しよう。	○交流を通して興味をもったことを箇条書きでまとめることができる。
	2	・場面ごとの内容を読み取ろう。	○場面ごとに登場人物の行動や情景描写をまとめ，物語の移り変わりを読むことができる。
二	3	・ゆみ子を高い高いしたときのお父さんの気持ちを読み取ろう。	○「一つだけ」という言葉に関係付けながら，ゆみ子の未来を心配するお父さんの心情を読むことができる。
	4（本時）	・汽車に乗って行ってしまうときのお父さんの気持ちを読み取ろう。	○汽車に乗って行ってしまうときのお父さんの心情を，一輪のコスモスに喜ぶゆみ子の姿と関係付けながら読むことができる。
	5	・「一輪のコスモス」と「コスモスの花でいっぱい」を比べて読もう。	○戦争中と十年後の様子を，食べ物，住居，音，コスモスや親子の様子等をもとに対比し，変化の大きさを読むことができる。
三	6	・十年経ったときのお母さんになりきって，お父さんへ手紙を書こう。	○お母さんの視点で手紙を書くことを通して，お母さんがお父さんの願いを受け継ぎ，ゆみ子が立派に成長できたことを読むことができる。

第3章　アクティブ・ラーニングを実現する物語文の発問づくり

6　授業の流れ（第二次・第4時）

☆授業のねらい

　プラットホームで咲いていたコスモスの，ゆみ子にとってのイメージを想像して描くことを通して，お父さんがにっこり笑ったときの気持ちを読むことができる。

☆授業の展開

①お父さんがにっこり笑った理由を話し合う。
（10分）

発問　お父さんは何を見てにっこり笑ったのでしょうか？

- めあてを提示し，「汽車に乗って行ってしまうときのお父さんの気持ちが表れているところを探しながら音読しましょう。」と投げかけ，「にっこりわらう」という表現に気付かせてから発問する。

発問　お父さんがにっこり笑った理由は，「ゆみ子の機嫌がなおったから」だけですか？　　　　　　　　　　　　　　【軸となる発問】

- 「お母さんがあやしても泣き出してしまったゆみ子の機嫌がやっとなおったことに安心して，戦争に行けるんだよね。」とゆさぶり，お父さんが何を感じてにっこり笑ったのかを意識させる。
- 「どうしてゆみ子は喜んだのかな。」と問い，ゆみ子が花をもらって喜んだことの意味に目を向けさせる。

②コスモスの絵を描く中で，ゆみ子が喜んだ理由を話し合う。
（15分）

発問　ゆみ子にはコスモスがどんなふうに見えたのでしょうか？

- 「お父さんは，行ってしまうときに何を見ていましたか。」と問い，お父さんが最後に見ていた花は，ゆみ子の目にはどう映っていたかを考えるきっかけとする。
- 「プラットホームのはしっぽの，ごみすて場のような所に，わすれられたようにさいていたコスモスの花」という記述を確認し，それでもキャッキャッと足をばたつかせて喜んでいることから，実際の姿とは異なるイメージを抱いていることに気付かせる。
- どのようなイメージを絵にしたのかを文章にして添えさせて，グループの交流で説明しやすいようにする。

83

③めちゃくちゃ高い高いしたときと、花をもらって喜ぶゆみ子を見たときのお父さんの気持ちを比べる。

（10分）

発問　お父さんの気持ちは、めちゃくちゃ高い高いしたときと比べて、どうでしょうか？　　　【再考する発問】

- めちゃくちゃ高い高いしたときと、花をもらって喜ぶゆみ子を見たときのお父さんの気持ちを対比して板書することで、お父さんの気持ちの変化とそのきっかけを視覚的にとらえられるようにする。
- それぞれの場面の「一つの」という言葉を比べさせ、同じ言葉でも意味が変わっていることをつかませる。また、お父さんがにっこり笑った意味を題名との関連からも気付かせる。

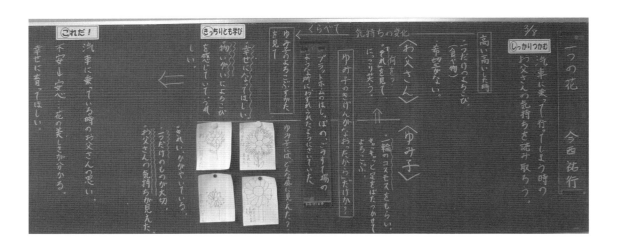

④汽車に乗っているときのお父さんの気持ちを書いて発表する。

（10分）

発問　汽車に乗っているとき、お父さんはどんなことを思っていたのでしょうか？

- お父さんの変化を明確にまとめさせるために、「高い高い」と「コスモス」の言葉を必ず入れて、お父さんになりきって、ゆみ子に話しかけるように書くよう指示する。

第3章 アクティブ・ラーニングを実現する物語文の発問づくり

7 評価のポイント

"ゆみ子から見た"という観点で，コスモスの絵を描けているか。

かがやいている。

きれいに見えた。

一つだけのものが大切。

お父さんの気持ちが見えた。

「高い高い」と「コスモス」の言葉を入れて書いているか。

（子どもの作品例…汽車に乗っている時のお父さんの気持ち）
　ゆみ子を高い高いした時は、この子は一つだけのよろこびしか感じられない子どもになるのではないかと心配していたんだ。でも、一つだけのコスモスの美しさや大切さに気づいているようすを見て安心したよ。
　ゆみ子は、ぜったいにいい子になって喜びをいっぱいあじわってほしいな。お父さんと会えるのは最後かもしれないから、一生けん命生きて、幸せになってほしいな。

場面同士を比べて，お父さんのゆみ子への思いの変化を書いているか。

　ゆみ子から見たコスモスの絵は，全員がプラスのイメージで描いていた。その中の1つの理由に「お父さんの気持ちが見えた。」という記述があり，花を通してお父さんとゆみ子の気持ちがつながったと読み取っている子どもがいることがわかった。場面同士を比較したことで，お父さんのゆみ子を思う気持ちが「不安」から「幸せに生きてほしい」と変化していることに気付き，お父さんがにっこり笑った背景に迫ることができた。

（松本英一）

〈引用・参考文献〉
・中洌正堯監修『「新たな学び」を支える国語の授業』三省堂，2013年6月

第 ⑤ 学年　「大造じいさんとがん」（東京書籍）

6 情景描写を起点に，心情の変化をとらえる

1 アクティブ・ラーニングを取り入れるポイント

　本教材「大造じいさんとがん」は，物語のほとんどが中心人物である大造じいさんの視点から描かれており，会話はなく大造じいさんの独語や心内語だけで構成されている。そのため，中心人物の心情に寄り添いながら読み進めやすい教材である。また，「ほおがびりびりするほど引きしまりました。」などのオノマトペを生かした詳細な行動描写や，「東の空が真っ赤に燃えて，朝が来ました。」に代表される情景描写など，技法を凝らしたものも多く含んでおり，このような描写に目を向けることで，中心人物の心情をよりイメージ豊かに読むことが期待できる。がんを獲るための準備期間や残雪への呼称の変化などの様々な表現と結び付けながら，大造じいさんの「がんを獲りたい」という意欲の高まりと思いの質の変化を読み取らせたい。

① 課題性について

　本実践の中心課題は，読み取った中心人物の心情を，場面の題名として一言でまとめて，しおりを作ることである。しおり裏面には，題名を付けた理由も記入させる。子どもが自分の読みに納得して題名を付けることができるようにするために，大造じいさんの心情の読み取りの根拠を，情景描写を起点として行動描写や残雪への呼称の変化などの表現に置き，読み進める。

② 論理性について

　論理性として着目したいのは，表現相互のつながりである。それは，行動描写，情景描写，準備期間，残雪への呼称表現，それぞれの表し方の変化を関連させることである。準備期間は，「一晩中」「夏のうちから」「二年前」からと，だんだん長くなる。ここから，大造じいさんの，がんの群れに対する「獲りたい」という執着心が強くなることがわかる。残雪への呼称表現からは，「たかが鳥」「あの残雪め」「がんの英雄」と，残雪に対する見方の変化がわかる。これらを，行動描写や情景描写の変化と関連させて考えると，より一層豊かに大造じいさんの残雪に対する思いの深まりを読むことができる。なお，本教材には「むねはわくわくしてきました」などの心理描写も多く出てくるが，本実践では，心理描写も行動描写に含めて考える。

③ 交流性について

　場面を一言の題名で表すことは，自分の読みを抽象化することである。それゆえに，他者から見ると，抽象化された題名に込められた子どもの思いは読み取りにくい。したがって，子どもは「どうしてこのような題名を付けたのだろう」と友達の考えを聞きたくなる。交流を始めると，題名を付けた根拠とした本作品の情景描写などの様々な表現への関心が高まるのである。

2 教材の構造

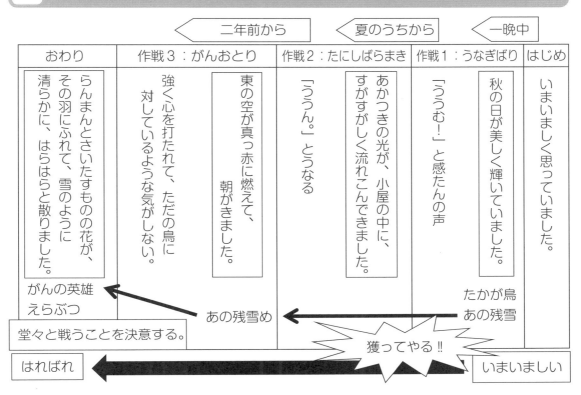

3 発問づくりのポイント

① 課題性から論理性へ

　中心人物の心情をイメージ豊かに読んでいくために，「大造じいさんの心情はどのように変化していったのか」という単元を貫く課題を設定する。描写の変化に着目することで，心情の変化をとらえることをねらう。中でも，情景描写を他の表現と関連させて読むことを重視する。本時では「らんまんとさいたすももの花が〜はらはらと散りました。」という情景描写を大造じいさんの残雪への呼びかけと関連させて読むことで，これまでの大造じいさんの残雪に対する思いとの違いが浮かび上がる。それは，「真っ赤に燃えて」から「雪のように清らかに」という変化であり，「いまいましさ」から「はればれ」への変化である。

② 交流の必然性をつくる

　気に入った場面の題名を付ける活動が交流の必然性をつくることになる。題名には，子ども同士の読みのズレが表れる。ここでのズレには，「題名が同じでも理由が異なる」「題名が異なっていても，根拠となる文章は同じ」などが考えられる。そのようなズレを経て自らの解釈に確信をもったり，見直したりすることでさらに読みが深まっていくのである。

4 単元の目標

- 行動描写や情景描写を関連させながら，大造じいさんの残雪に対する心情の変化を読み取ることができる。
- 人物の心情を表す様々な表現に目を向け，そこから読み取ったことを場面の題名として一言で表し，本のしおりにまとめることができる。

5 単元の計画（全6時）

次	時	学習のめあて	ALの評価ポイント
一	1	・印象に残った一文を交流しよう。	○自分が物語で印象に残った一文を紹介し合う中で，読後感を共有するとともに，物語の大筋をとらえることができる。
二	2	・ウナギばり作戦での大造じいさんの心情の変化を読もう。	○会話文や行動描写に着目して読むことを通し，「ううむ！」に込められた大造じいさんの残雪への思いの変化を読み取ることができる。
	3	・たにしばらまき作戦での大造じいさんの心情の変化を読もう。	○会話文や行動描写に加えて，情景描写の効果に気付き，大造じいさんの，残雪に対する思いの変化を読むことができる。
	4	・がんおとり作戦での大造じいさんの心情の変化を読もう。	○会話文，行動描写，情景描写を関連付けながら読み，作戦前後の残雪への思いを比較することを通して，クライマックスでの大造じいさんの心情の変化について説明することができる。
	5（本時）	・情景描写に込められた大造じいさんの残雪への思いを読もう。	○第4場面について，情景描写を起点に，行動描写や会話文などを関連付けながら，「いまいましい」から「はればれ」への大造じいさんの残雪への思いの質的変化に気付き，場面の題名として一言にまとめることができる。
三	6	・気に入った場面に題名を付けてしおりを作ろう。	○気に入った場面の題名とその理由を書き，それに加えて絵を描き，大造じいさんの心情をしおりで表現できる。

第3章　アクティブ・ラーニングを実現する物語文の発問づくり

6　授業の流れ（第二次・第5時）

☆授業のねらい

　情景描写を起点に呼称表現などと関連付けながら第4場面での大造じいさんの残雪に対する心情の変化を読み取り，場面の題名として一言で表現することができる。

☆授業の展開

| ①情景描写を起点に2つの場面を比較し，大造じいさんの「がんを獲りたい気持ち」の変化について判断する。（5分）|

発問　2つの場面で，「がんを獲りたい気持ち」は同じですか？

- 情景描写を振り返り，「あかつきの光が，小屋の中にすがすがしく流れ込んできました」と「東の空が真っ赤に燃えて，朝が来ました」の2つがあったことを確認する。その後，めあてを板書し，2つを比較して，「がんを獲りたい気持ち」は同じかと問う。同じか違うかを判断させるために，前時までに読み取った，情景描写，猟の準備期間や大造じいさんの独語の変化などを振り返らせる。その中で，「あかつきの光」から「真っ赤に燃えて」の大造じいさんの気持ちの高まりや，残雪の群れへの執着心の高まりをとらえさせる。

| ②第4場面における大造じいさんの残雪への思いの変化をとらえるために，様々な表現の変化を見付ける。（15分）|

発問　第4場面での，大造じいさんの「がんを獲りたい気持ち」は，今までと同じですか？　　　　　　　　　　【軸となる発問】

- 第4場面を音読し，情景描写を見付ける。これまでの場面での「がんを獲りたい気持ち」の高まりを押さえた上で，2つの情景描写（「東の空が真っ赤に燃えて，朝が来ました」と「らんまんとさいたすももの花が，その羽にふれて，雪のように清らかに，はらはらと散りました」）を比較させ，「がんを獲りたい気持ち」は今までと同じであるか，まず，個人で判断させる。その際，判断の理由を，様々な表現を根拠としてノートに書かせる。その後，ペアでの話し合いを経て，全体交流へと向かう。情景描写の変化（「真っ赤」から「雪のように」，「清らか」）を起点に，残雪への呼称表現の変化（「あの残雪め」から「がんの英雄」，「えらぶつ」），行動描写や独語の変化（いまいましさをこめた台詞「ひとあわふかせて」などから「おうい」との呼びかけ）などの他の表現と関連させて考えるようにさせたい。

③大造じいさんの変化の内容について，これまでと比較して，質的変化を明確にし，自分が読み取った大造じいさんの残雪への思いを場面の題名としてまとめる。
（15分）

発問　獲りたい理由はどのように変わりましたか？

- 大造じいさんの心情が変化したことをとらえた上で，変化の内容を問う。「今までは，なぜ獲りたかったのか」を問うことにより，「いまいましいから獲ってやる」という気持ちから，「残雪のことを認めた上で，正々堂々と戦いたい」という気持ちへの大造じいさんの心情の質的な変化に気付かせる。

発問　第４場面で自分がとらえた大造じいさんの残雪への思いに題名を付けるとすると，どのような言葉になるでしょうか？

【再考する発問】

- 大造じいさんの心情の質的な変化をとらえた上で，自分の読みを振り返るために，大造じいさんの残雪への思いを第４場面の題名としてまとめさせる。ここで，どの表現同士を関係付けながらまとめていくかにより，子どもたちの中での題名にズレが生まれる。

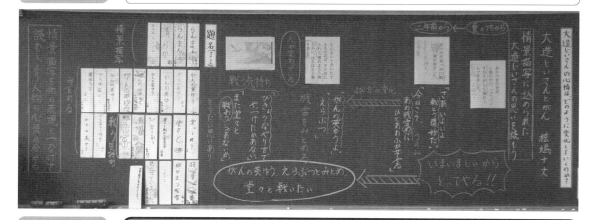

④付けた題名をペアやグループで交流し，どの表現同士を関連付けたのか，全

発問　似ている題名や，全く違う題名を付けた人がいるけれども，どうしてこの題名を付けたのでしょうか？

- 子どもの交流を活性化するために，全体での話し合いの前に，２段階で１グループ４人程度の構成で交流を行う。１回目は，題名が異なる子ども同士でメンバーを組み，題名を付けた理由として着目した表現を比べて，大造じいさんの気持ちを述べ合う。２回目は，同じ題名に

第3章　アクティブ・ラーニングを実現する物語文の発問づくり

体発表する。 （10分）	した子ども同士でメンバーを組み，題名を付けた理由を比べて，互いの解釈の異同を確かめる。そのような交流を経ることで，友達の読み方のよさに気付いたり，様々な表現の効果を再確認したりできるようになる。 ・この経験を，第三次の，気に入った場面を選んでしおりを作る活動に生かすために，授業の終わりには次時の活動内容を予告しておく。

7　評価のポイント

　子どもが題名を付けた理由を一部紹介すると，次のようなものが見られる。
①大造じいさんの心の中も，情景描写にあるように清らかになっているから。
②らんまんとさいたすももの花が残雪の羽にふれて，雪のように清らかに，はらはらと散った時に，大造じいさんは，堂々と戦おうと考え，はればれとした顔つきで見守っていたから。
③最初はいまいましく思っていたけど，最後はがんのことを英雄と認めたから。
④今までは，どんな手を使っても獲ろうとしていたが，残雪を英雄と認め，堂々と戦うという気持ちに変わっているから。
　①・②は情景描写，③は残雪への呼称の変化，④は独語，というように，これまでの読みを関連付けて表現していることがわかる。本単元での中心課題は，情景描写と他の表現を結び付けることである。評価のポイントは，題名を付ける根拠として，情景描写とその他の表現を結び付け，大造じいさんの心情を題名にまとめることができているかである。

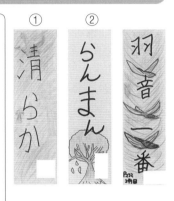

（小泉芳男）

〈引用・参考文献〉
○香月正登「表現の効果を読む―心情と分析の止揚を目指して―」『月刊国語教育研究　No.517』，日本国語教育学会，2015年5月

第 ⑥ 学年　「やまなし」（光村図書）

7　対比マップで探究的・協働的に学び合う

1　アクティブ・ラーニングを取り入れるポイント

　子どもが課題解決に向けて学ぶアクティブ・ラーニングを進めていくプロセスは，これから様々な実践を通して研究されていくであろう。その中で田村（2015）は，アクティブ・ラーニングの進め方のプロセスを，

> ①課題の設定　②情報の収集　③収集した情報の整理・分析　④学習のまとめ・表現

と示している。この学習過程の中で学習者にとって，一番困難な学習活動となるのが，「③収集した情報の整理・分析」であろう。本実践では，絞り込みチャート（97ページ ※１）と対比マップ（96ページ ※２）を，情報の整理分析の過程で用いている。これらのツールを使うことにより，思考が形として見え，すべての児童が学びに参画することができる。

　『やまなし』では，登場人物「かに」の姿を追っても物語の世界観は見えてこない。「五月」の「弱肉強食」と「十二月」の「利他」の２つの世界を比較することで，物語のメッセージが見えてくる教材である。これをアクティブ・ラーニングのプロセスに沿って授業化していく。

① 　課題性について

　本実践の中心課題は，物語のメッセージを読み取ることである。物語教材のメッセージを読み取らせる際，主人公（登場人物）の最初と最後の変容を探し，「A どう変わったのか」「B 変わった原因は何か」ということを糸口にすることがよくある。本単元では，主人公の変容ではなく，「五月」と「十二月」の場面同士を比較し，場面の変容をとらえることを重視する。すなわち，「五月」と「十二月」を表わす言葉の対比で一番重要だと思うものを選び，象徴を考え，そこから物語のメッセージを読み取らせるのである。したがって，「『やまなし』のメッセージを読み取ろう」とともに「物語のメッセージの読み取り方を知ろう」も単元を貫く課題となる。

② 　論理性について

　はしがきとあとがきは，「わたし」が誰か特定の人に向けて幻灯を上映するという語り場面であり，中はその幻灯をもとに流れる物語が展開されるという額縁構造である。中の場面では，「五月」と「十二月」（十一月という説もあり）の２場面に分かれている。その２場面には，「春と冬」「昼と夜」「動と静」「子がにの成長前と成長後」「他から奪われる死と天寿を全うした死」「恐怖を与える死と幸せを与える死」などが対比されている。この対比される言葉と対比をイメージさせる言葉を取り上げて関係付け，それを根拠としてどのようなメッセージが読み取れるかを理由付けることが，この物語を読む上で大切にしていく論理性である。

③ 交流性について

　交流性でもっとも大切なのは、「②情報を収集し、③収集した情報の整理・分析すること」である。まず、物語のメッセージの読み取りのために、「五月」と「十二月」の対比の中で、例えば「かわせみ」と「やまなし」のように、一番重要だと考えられるものを絞り込みチャート（※1）で選択させる。その対比を表わす言葉、その言葉から浮かぶイメージ、そのイメージの共通点を、対比マップ（※2）を使い、グループでつくり上げる。そこから浮かび上がった物語のメッセージを全体に紹介し、比較・検討していく。そういったグループ討議・全体討議を通して学習者は、互いの考えの交流を行うこととなる。

2　教材の構造

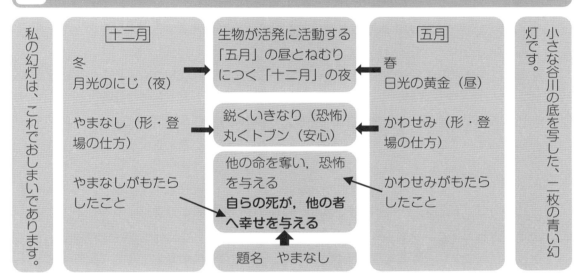

3　発問づくりのポイント

① 課題性から論理性へ

　本単元を貫く課題は「物語のメッセージの読み取り方を知ろう」である。その中心となる学習活動は、物語のはじめと終わり（「五月」と「十二月」）の違いを探すことであり、そこに着目させることが、課題性の発問づくりのポイントとなる。具体的には場面同士の対比に着目させ、「対比を表わす言葉はどれですか。」「その言葉からどのようなイメージが湧いてきますか。」といった発問から考えをまとめ、メッセージを導き出すのが論理的な読みとなる。

② 交流の必然性をつくる

　共通の「やまなし」「かわせみ」という対比から、他のグループがどのようなイメージをもったのか、そこからどのような物語のメッセージを受け取ったのか等、かかわりを求めたくなるような発問が重要となってくる。

4　単元の目標

- 教材の対比構造に気付き，どの対比が物語のメッセージを見付けるときに有効かを考えることを通して，物語のメッセージの読み取りの一方法を理解することができる。
- 学習したことをまとめ，物語の構造・対比されているもの・読み取ったメッセージ・賢治の生き方や考え方・メッセージを自分の考え方に重ねて評論文にまとめることができる。

5　単元の計画（全8時間）

次	時	学習のめあて	ALの評価ポイント
一	1	・「イーハトーヴの夢」を読み，賢治の生き方や考え方を熟語で表現しよう。（熟語の例：「自己犠牲」「献身的」等）	○賢治の生き方や考え方が表われている表現に線を引き，類語辞典を見ながら，熟語（2～4字）で表現することができる。
	2	・「やまなし」の疑問を出し合い，どの疑問を学習課題にするかを選ぼう。	○物語の読み取りにもっとも重要だと思う疑問を選択することができる。
二	3	・みんなで考えた疑問(例：なぜ「やまなし」という題名なのか) の答えを探そう。	○グループごとに疑問についての答えを，文章を根拠に考え表現することができる。
	4	・「五月」と「十二月」の対比の中からメッセージにつながる言葉を見付けよう。（絞り込みチャートを使って「かわせみ」と「やまなし」を導く）	○「五月」と「十二月」の対比をたくさん挙げて，どの対比がメッセージの読み取りにとって重要かを選択することができる。
	5（本時）	・「かわせみ」と「やまなし」の対比マップを作り，メッセージを導き出そう。	○選んだ対比が象徴することを対比マップにまとめ，その象徴から物語のメッセージを読み取ることができる。
	6	・読み取ったメッセージと賢治の生き方・考え方を比べ，発表しよう。	○考えたメッセージと，賢治の生き方・考え方に結び付けることができる。
三	7 8	・評論文を書いて交流しよう。 ～評論文プロット（例）～ ①自分が読み取ったあらすじ・物語で浮かんだ疑問・物語の構造 ②「五月」と「十二月」の対比 ③読み取った物語のメッセージ ④賢治の生き方・考え方 ⑤メッセージを自分に寄せて	○学習したことをまとめて，①～⑤のプロットに沿って評論文を書くことができる。 ○友達の書いた評論文と自分の書いた評論文を，相違点・よさ・改善点など比較しながら読むことができる。

第3章 アクティブ・ラーニングを実現する物語文の発問づくり

6 授業の流れ（第二次・第5時）

☆授業のねらい
「かわせみ」と「やまなし」の対比から浮かぶイメージを話し合うことを通して，物語のメッセージの読み取り方に触れ，『やまなし』から伝わるメッセージを読み取ることができる。

☆授業の展開

①「かわせみ」と「やまなし」に関係した言葉を文中から探し，付箋に書いて貼っていく。
（15分）

発問 「かわせみ」と「やまなし」に関係した言葉にはどのようなものがありますか？

- めあては最初から示しておく。
- グループに大判用紙と付箋を用意しておく。
- 「かわせみ」「やまなし」という比べる中心となる言葉を両端に書く。それらを修飾・比喩・関係した言葉を付箋に書かせ，説明しながら，大判用紙に貼らせる。
  例：『かわせみ』⇒「コンパスのようにとがって」「ぎらぎらする鉄ぽうだまのようなもの」『やまなし』⇒「丸い」「きらきらっと黄金のぶちが光りました。」
- 関係した言葉で対比になる言葉は線で結ぶ。

②関係した言葉からイメージされることを付箋に書いて貼り，対比マップに整理する。
（10分）

発問 付箋に書いた「かわせみ」「やまなし」を表わす言葉からどのようなイメージが湧きますか？

- 付箋に書かせ，どのようなイメージかグループのみんなに説明しながら，関係した言葉のそばに貼らせる。
  例：「コンパスのようにとがって」⇒（攻撃的）（あぶない）（他を傷つける）（他を不安にさせる）「丸い」⇒（優しい）（安心）
- 子ども同士で同じイメージを書いた付箋は上から重ねて貼らせ，「複数の人が感じたということは，メッセージの読み取りに重要な項目になりうる」ということを知らせる。
- 対比となりそうなイメージ同士を線で結ぶ。

③線で結ばれたイメージの対比の組が象徴していることを考え、物語のメッセージを考える。
（10分）

発問　どのイメージの言葉の組に注目すると、メッセージに近付けるでしょうか？　　　　【軸となる発問】

・対比されるイメージの言葉の組を枠で囲ませる（1）。そこから象徴される事柄を、本文にない表現で書き込ませる（2）。

(1) イメージの言葉の組

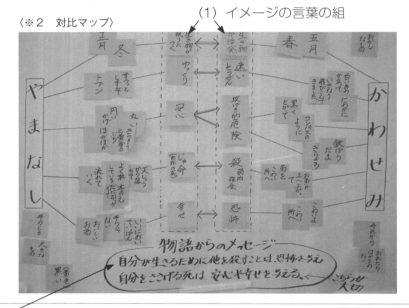

〈※2　対比マップ〉

(2) イメージの言葉から象徴される事柄（物語のメッセージ）

発問　やまなしとかわせみの内容は、どちらも必要でしょうか？　　　　【再考の発問】

・例えば、やまなしの「安心」を中心にメッセージをまとめたグループに対して、「それならかわせみの場面は必要ないのですね。」とゆさぶり、この作品が対比構造であることの意義に迫らせる。

④グループで考えた物語のメッセージを発表し合う。
（10分）

発問　グループで読み取ったメッセージはどのようなものですか？

発表例：「かわせみ」を表わす言葉は、「こわいよ」「お魚をこわいところへ」等で、そのイメージは「危険」「弱肉強食」です。「やまなし」の方は「丸い」「熟す」「いいにおい」で、そのイメージは「安心」「寿命」です。そこから考えたこの物語のメッセージは、「他者に自分を捧げる死は、安心や幸せを与え、その方が望ましい」ということです。

第3章　アクティブ・ラーニングを実現する物語文の発問づくり

7 評価のポイント

- 子どもが書いた評論文プロット⑤　～メッセージを自分に寄せて～

> （前略）　題名が「かにの兄弟」でも「かわせみ」でもなく「やまなし」である理由は，やまなしがもたらした「自分を人にささげる，人に幸せをもたらす美しさ」がこの物語のメッセージであるからだろう。自分の死をもって，かにの親子に幸せをもたらしたやまなしの行為は賞賛に値するであろう。しかし，魚の命を奪ったかわせみは，責められる存在なのだろうか。なぜなら，かわせみは魚の命を奪わなければ，自分自身が死んでしまうのである。これはかわせみだけではない。我々人間もその一員である。「人の命を奪うよりも，自分の命を差し出して，他者を幸せにすることが美しいのだ」といわれても，それを人間すべてが行えるとは絶対に考えられない。この作品が「かわせみ」「やまなし」の順であるから起こる疑問であり，これがもし「やまなし」「かわせみ」の順であれば，その両方を肯定したメッセージになり，私は十分納得できる。　（後略）

　評論文では，読み取ったメッセージを自分に寄せて書くことができれば，目標は達成されたといえる。上記の児童の評論文は，メッセージを自分の立場に寄せて考えるだけではなく，そこで浮かび上がった疑問をもう一度作品に問いかけている。つまり，教材と対話しているのである。

〈※1　絞り込みチャート〉

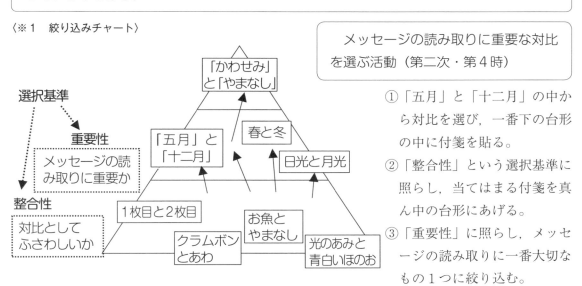

メッセージの読み取りに重要な対比を選ぶ活動（第二次・第4時）

① 「五月」と「十二月」の中から対比を選び，一番下の台形の中に付箋を貼る。
② 「整合性」という選択基準に照らし，当てはまる付箋を真ん中の台形にあげる。
③ 「重要性」に照らし，メッセージの読み取りに一番大切なもの1つに絞り込む。

（三井竜彦）

〈引用・参考文献〉
○田中実・須貝千里編『文学の力×教材の力』小学校編6年，教育出版，2001年3月
○田村学著『授業を磨く』東洋館出版社，2015年7月

コラム② ファシリテーターを育てる
…「交流性」を高めるアイデア

　ファシリテーターは，常に中立の立場で会議のプロセスにかかわりながら，会議の目的に沿って進むよう支援をしていく，いわば，会議のコーディネーターのような人です。学習指導要領の第3学年及び第4学年の「A　話すこと・聞くこと」の指導事項には，

> オ　互いの考えの共通点や相違点を考え，司会や提案などの役割を果たしながら，進行に沿って話し合うこと。

とあります。「司会や提案などの役割」としてファシリテーターのような存在は「交流性」のある授業を行う上でも大事になってくると考えます。

　では，どのようにしてファシリテーターを育てたらよいでしょうか。その近道として，授業中，活発に発言し，授業をリードするタイプの子どもの意識を変えることから始めてはどうでしょうか。自分が発言することだけでなく，友達の発言を促し，引き出すことに喜びを感じるような子どもを育てるということです。サッカーで言えば，自分自身がゴールをねらうのではなく，他者のゴールをアシストすることにあたるでしょうか。そのような発言の「アシスト意識」をもたせ，そのことに喜びを感じるような子どもが育てば，「交流性」は飛躍的に向上します。教師がすべきことは，ファシリテーター役の子どもが他の子どもの発言をうまく引き出す様子をしっかりと見取り，価値付けることです。そうすることで，ファシリテーター役の子どもは自信をもち，さらにうまく友達の発言をアシストしようと意気に感じるようになるのです。

　そのためには，ファシリテーターに以下のような役割を求めます。

聞き出す…メンバー全員から意見を聞き出します。ただ，振るのではなく，発言が難しい子どもからは，その子どものノートやワークシートのメモから引き出したり，発言の呼び水としてのヒントを与えたりして能動的に聞き出させます。

　また，友達がゆえに，「～さんなら，こう言うかな」と友達の反応を予測することも意識させます。すると，場合によっては教師以上に効果的に引き出すことがあります。

整理する…出てきた意見をノートやミニホワイトボード等に書き出し，メンバーが目に見える形で全体像を示しながら，メンバー間の考えを確認していきます。

　例）「これらの意見は，同じ？違う？」「似ているのは？」「反対の意見は？」「他の考え方はない？」「意見は同じとして，その理由や根拠も同じ？」

焦点化する…整理された意見について特に何が重要か判断を促します。

　例）「キーワードは，どの言葉だろう？」「どの考え方がこの課題にはふさわしい？」

発表する…メンバー以外の人にわかりやすく，かつ，言葉を選び，コンパクトに発表させます。日常的に発表時間を制限させていくと，聞き手が集中して聞きやすい発表時間の感覚がつかめるようになってきます。意見が対立したままの場合は，その状況も発表させます。

（長安邦浩）

第4章

アクティブ・ラーニングを実現する詩・俳句・短歌の発問づくり

１ 詩・俳句・短歌のアクティブ・ラーニングのポイント

授業の流れを発問と板書に凝縮する
―課題の共有と個別の振り返りの徹底―

1 発問と板書で授業をつくる

　教師主導や子ども任せの授業を助長してしまうのは，準備不足に原因がある。特に，詩・短歌・俳句など個人のものの見方や感じ方が解釈の違いに反映されやすい教材を取り扱う場合，教師は教材の特性を理解し，指導事項と評価のポイントを整理・構造化しておきたい。

　そこで，発問と板書である。個人の学びと協働的な学びを行き来しながら思考を活性化させるための発問づくりをする。そして，発問とセットで板書計画を準備しておくのである。

① 課題意識を共有する発問と板書

　第1学年「おさるがふねをかきました」では，「このおさるは，どんなおさるでしょう」と軸となる発問を行い，子どもの意識をおさるの人物像に焦点化している。教師は，子どもの様々な反応の違いを整理し，即座に子どもに返していく。また，おさるの行動を絵に描かせ，個人の想像を表出させることで，友達との比較を容易にしている。こうして，子どもたちが描いて音読し，言葉とイメージを往復し，友達の絵と見比べながらまた言葉に返っていく様子が目に浮かぶ。また，導入での作品全体を貫く大きな問いにより，課題意識の共有を図っている。板書にはめあてカードが貼付されており，日常的に使用していることが見て取れる。

　第5学年「春暁・絶句」では，漢詩を「どんな順番に並び替えたら作者の思いがより伝わるか」という軸となる発問を板書し，個人の判断を促している。子どもは判断の根拠に思考を巡らせるとともに，他者の判断とその根拠に対する関心を高めている。このことにより，子どもは作者のもっとも言いたいことに迫る過程で，起承転結の表現形式を知識として獲得し，並び替えの根拠として活用できるようになっている。再考する発問で「転句と結句の入れ替えによる印象の違い」を問い，「春暁」を用いて表現形式と作者の思いについてまとめさせるなど課題意識を継続させている。また，子どもの考え方のズレを板書で視覚的にとらえさせる工夫も見られる。

② 対話で学びを深める発問と板書

　第2学年「見たこと，かんじたこと」は，短い言葉で言いたいことを端的に表現できる詩のよさに気付き，よさを活かして自分らしさを伝えていくことをねらい，3時間の単元を組んだ。導入の軸となる発問では，詩のおもしろさとその根拠を問い，「たとえ，繰り返し，なりきり，ことばあそび」など自分のお気に入りの表現を板書で示しながら知識として獲得させている。そして，再考する発問で「ひみつ」の表現技法を用いて自分「らしさ」を自覚させるなど，個人の学びを際立たせることにより，他者との作品交流に必然性をもたせている。

　第3学年「紙ひこうき」は，ぼくの紙飛行機に対する見方の変化を擬人化からとらえさせる

ことを授業のヤマ場として設定した。軸となる発問で唯一の会話文に着目させ，子どもを「ぼく」の視点に立たせておき，再考する発問では，「ぼく」に同化させて紙飛行機に声をかけるという条件を設定する。紙飛行機を擬人化した「ぼく」の立場で，紙飛行機に呼びかける子どももいれば，紙飛行機の気持ちを想像しながら見守ろうとする子どももいる。教師は，子どもの感受の異なりを板書で浮き彫りにしながら，対話による相互交流を促している。

③ 学びの深まりを自覚する

第4学年の「一茶の俳句を楽しもう」では，小動物が登場する作品を選び，それぞれの作品の共通性や異質性を探ることができるようにしかけている。複数の作品を比べて読むことで，一つ一つの作品の独自性が色濃くなってくるのは，3つの句を比較し，知識を共有化しておいてから，最後の句を提示する工夫があったからであろう。再考する発問「この句の中で一茶がしたことは何か」により，子どもは一茶の小動物への寄り添い方を見つめ直す。そして，一茶の句を板書で振り返り，句の特徴や一茶の人物像のまとめを通して，学びを自覚している。

第6学年「生きる」は，読み取った内容を群読で表現できるように，3時間構成にしている。軸となる発問で作者がもっとも伝えたいことを読み解いていくために，まずは連に着目させ，次に「いのち」という言葉を焦点化し，最後の再考する発問で「あなたの手のぬくみ」の解釈を自分なりの経験をもとに表現させる。子どもは，連を関係付け，キーワードを見出し，言葉を意味付けながら作者の思いに迫ったプロセスを板書で振り返る。学びの深まりを自覚させる振り返り場面での書く活動は，日常的に設定されており，子どもたちを書くことに慣れさせている。

2 発問・板書の留意点

思考し発信する学習者中心のアクティブ・ラーニングで学びの質を保証したい。そのために，次のような観点から発問と板書を準備するとよいことが各実践を整理する中でわかった。

発問	①視点（どこに目を付けさせるか）
	②活動（どんなことを行わせるのか）
	③対象（何をどうとらえさせるか）
板書	①課題と振り返り（学習の目的を伝え，成果を振り返らせる）
	②学習内容（本時の学びの成果をとらえさせる）
	③思考の変容（思考のプロセスを視覚化させる）

当たり前のことを毎日当たり前に取り組んでこそ，子どもに力を付けることができる。そうした中で「丁寧に教えること」「できるまで粘り強く寄り添うこと」「反復して定着させること」も怠ってはならない。大事なのは，日々の授業の精度を上げることとカリキュラム全体を丁寧に見ていくことである。毎日学習指導案を書くのが難しい場合は，板書と発問を毎日準備して授業に臨み，課題解決に向けた対話的な場面と個人で学習を振り返る場面を確保したい。

（中村正則）

第①学年　「おさるがふねをかきました」（学校図書）

② 表現技法からイメージ豊かに読む

1　アクティブ・ラーニングを取り入れるポイント

　詩の学習のねらいは，作者のものの見方，考え方を豊かに読み取らせ，児童の認識能力を育てることだと考えている。詩は，作者が様々な技法を用いて，詩の世界を構築し，その世界へ読者をいざなうための工夫をしている。短い言葉，文，行の中に技法が凝縮しているといえる。授業では，その表現に着目させ，重点的に読ませる必要がある。読者のイメージと作者の表現，意図をつなぐ「思考する場」を設定した授業をつくりたい。

　本教材「おさるがふねをかきました」は，退屈だったおさるが何気なく描いたふねの絵が，どんどん楽しい絵になり，嬉しくなったおさるの姿が表現されている。その姿を，語り手が人間のように語っている詩であり，読者（1年生）と重ねながら読むことができる。2行4連の詩で，七五調であるため，リズムよく音読することができる。様々な音読を楽しませたい。

① **課題性について**

　本実践の中心課題は，言葉（表現技法）や絵を手がかりにして人物像をとらえさせることである。連ごとに詩の内容を絵に描きながら人物像を明確にしていく。

　1年生の入門期の詩であるので，連や音数，文末，語り手など指導すべき事項はたくさんある。用語を大切にした上で，音読や絵を使って，楽しく自分に引きつけて読ませたい。

② **論理性について**

　この「詩のおもしろさ」として，①擬人法—人間以外のものが人間性をもつ。親近感が生まれる。②繰り返し—リズム感が出る。③七五調—軽快なリズム感がある。④比喩—強調・イメージが広がる。⑤対比—違いを強調する。ものの見方が広がる。⑥擬声語・擬態語—リズムを生む。実感がある。等が挙げられる。これらの技法が，おさるの人物像を表現していることをとらえさせる。

　また，「かきました」「たてました」「つけました」と，おさるの行動が変化している。この変化は，おさるの気持ちが，退屈しのぎから楽しくなったという変化を表しており，それが，最後の行の「さかだち」につながっている。

③ **交流性について**

　本教材では，「はじめとおわりのおさる」（人物の変容），「もこもこともくもく」（声喩），「どんなしっぽか」（詩のおもしろさ），「おさるとみんな」（人間認識）等，比較を通しておさるの人物像を鮮明にしていく。その際，自分の考えを交流させ，イメージを広げさせる。

2 教材の構造

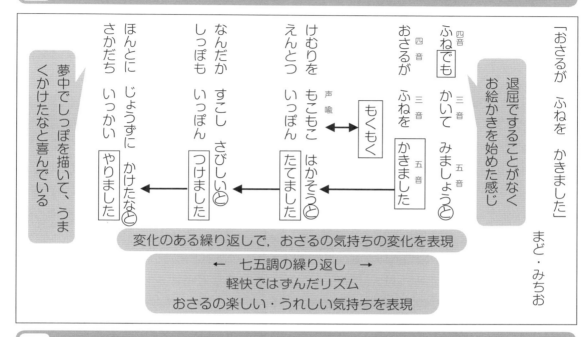

3 発問づくりのポイント

① 課題性から論理性へ

本実践の課題は「この詩のおさるは，どんなおさる？」である。先に述べた比較の発問を軸にして，言葉のはたらきを考えさせる。具体的には，リズムを感じさせるために，音読の際，「ほんとうにではだめ？」「えんとつをではだめ？」と問い，音数を意識させる。

また，おさるの気持ちをとらえさせるために「『ふねを』ではなく『ふねでも』ってどういうこと？」と比べさせる。そして，絵を描かせながら「『もこもこ』と『もくもく』ではどう違うのかな？」「おさるが書いたのはどんなしっぽ？」などを問い，言葉と絵をつなぎながら人物像を考えさせる。さらに，「はじめと終わりのおさるはどう違うの？」「このおさるとみんなの似ているところはない？」と発問することで，おさるの中の自分（人間認識）に気付かせる。

言葉を比べたり，絵とのつながりを考えさせたりすることで，豊かな言語感覚を育てたい。

② 交流の必然性をつくる

比較する際，児童に「どちらか？」「どれか？」を判断させる。このとき，児童の考えや描いた絵に「ずれ」が生じると考える。「どうしてそう考えたのかな？」と交流の必然性をもたせ，根拠をもとに自分の考えを交流させる。その「ずれ」を埋めていきながら，表現と人物像の関連をつかませ，詩のおもしろさを味わわせる。そして，本時のめあてである「どんなおさるか？」という課題に迫る。

4 授業の流れ

☆**授業のねらい**

　各連に表現された言葉や絵を比較したり，自分たちの行動と比較したりすることを通して，おさるの人物像をイメージすることができる。

☆**授業の展開**

①詩を音読し，おさるの人物像をイメージする。 （10分）	**発問　この詩のおさるは，どんなおさるさんでしょう？【軸となる発問】** ・授業のはじめは，リズムを感じさせながらしっかりと音読させる。その際，「けむり㋑」「もこもこ㋣」「ほんと㋒に」ではだめかな？と問い，七五調のリズムの心地よさを感じさせる。 ・詩を板書し，2行ずつの4連の詩であることを押さえ，「―と―た」の繰り返しを強調し，意識させて音読させる。 ・音読を楽しんだ後，「この詩のおさるはどんなおさるさんだと思う？」と問い，人物像を交流させる。
②各連のことばや絵を比較しながら，おさるの人物像をとらえる。 （15分）	**発問　「ふねを」ではなく「ふねでも」ってどういうことかな？** ・することがなくて退屈し，お絵かきを思いついて描き始めたおさるの様子をとらえさせる。 ・ふねの絵を描き始める前のおさるの顔を考えさせておき，だんだんと夢中になっていくおさるの様子を考えさせる。「みんなもこんなことないかな？」と問い，自分の中のおさるに気付かせる。 **発問　「もこもこ」と「もくもく」ではどう違うのかな？** ・板書で，「もこもこ」と「もくもく」の絵を比較させる。児童に描かせてもよい。「もこもこ」はかわいい感じ，「もくもく」は黒くて力強い感じがすることをつかませる。 ・「もこもこのかわいいけむりを描くおさるってどんなおさるかな？」と問い，声喩が人物像とひびき合っていることをとらえさせる。

第4章 アクティブ・ラーニングを実現する詩・俳句・短歌の発問づくり

発問　ふねの絵は完成したのに，おさるはどんなしっぽをつけたのかな？

- ノートに船としっぽの絵を描かせ，特徴的なものを板書させる。「どれがおさるにぴったりかな？」と問い，「しっぽ」もおさるの人物像とひびき合っていることを押さえる。

③おさるの変化をとらえる。
（10分）

発問　最後のおさるさんはどんな顔をしているでしょう？
【再考する発問】

- 4連の「ほんとにじょうずにかけたなと」から，おさるの気持ちをとらえさせ，顔の絵で表現させる。
- はじめの顔と比較して，退屈だったおさるが，いつの間にか楽しい顔になったという変化をとらえさせる。

④おさるの人物像をイメージして音読する。
（10分）

発問　おさるさんに言ってあげたいことを書きましょう。

- 「どんなおさるだった？」とめあての答えを問い，「おさるさんに言ってあげたいこと」として表現させる。
- おさるの人物像をイメージして音読させる。

（大澤八千枝）

〈引用・参考文献〉
○西郷竹彦著『詩の授業　理論と方法』明治図書，1981年

第 ② 学年　「詩を作ろう　見たこと，かんじたこと」（光村図書）

3 「らしさ」を自覚する

1 アクティブ・ラーニングを取り入れるポイント

　低学年における詩の学習では，詩独特のリズムや繰り返しなどの優れた表現に触れる中で，自分の見たことや感じたことを詩で表す楽しさを味わうことができるようにしたい。そのため，詩と作文を比較したり，様々なタイプの詩に触れたりできるようにする。そうすることで，詩の表現の工夫に気付き，詩で表現するよさを自覚して書くことができるであろう。また，自分の書いた詩を交流することで，その子「らしさ」が浮き彫りになり，ものの見方や考え方などの感性を磨くことにもつながるだろう。

① **課題性について**

　本実践では，自分の見たことや感じたことについて，詩で表現する楽しさを味わうことをねらっている。子どもは，日常生活の中で，様々なものを見付けたり，感じ取ったりしている。しかし，その感動をいざ文章にしようとすると，なかなか感動を表現することが難しい。そこで，短い文で書くよさや繰り返し表現のよさ，なりきって書くことで伝わるよさなどの詩の表現の工夫のよさを実感できるように単元を仕組みたい。そうすることで，子どもは，感動が伝わることを実感し，進んで詩で表現したいと思うようになる。

② **論理性について**

　本教材における，論理性を生むためのポイントは，自分の見付けた場面を切り取って「行替え」「短いことば」「くりかえし」「様子をあらわすことば」「たとえ」「ことばあそび」「なりきり」といった様々な詩の表現の工夫を用いることで，伝えたいことが伝わる感動を味わわせることである。自分の伝えたいことが伝わったり，読んだ作品の伝えたいことが伝わってきたりすると，子どもは，「次もこの表現を使って書きたい。」と思うようになるからである。すると，子どもは，詩の表現の工夫によるよさを実感しながら詩を書いたり，読んだりすることになり，ことばに対する感性を磨いていくであろう。

③ **交流性について**

　自分の伝えたいことが伝わるかどうかは，他者から評価してもらわないとわからない。そこで，書いた詩を交流し，その子「らしさ」が現れるようにする。また，伝えたいことをどう工夫してよいかわからずにつまずく子どももいるだろう。そこで，悩んでいることについて交流する場を設定し，表現の工夫をどのように使ったらよいか，具体的な場面で考えられるようにする。これらにより，詩で表現することのよさを子どもが実感していくのである。

第4章 アクティブ・ラーニングを実現する詩・俳句・短歌の発問づくり

2 教材の特性

題名	作者	表現の工夫
バスケットゴール	しろとり　みゆう（児童詩）	・様子をあらわすことば：スパッと ※行かえ　・みじかい（すべての詩に共通）
きゅうり	ゆきしげ　みさき（児童詩）	・たとえ：おこっているの ・とうち：おこっているの　とげ出して
もやし	まど・みちお	・たとえ：上を下へのおおさわぎ
ペンペン草	さかた　ひろお	・くりかえし：ペンペン草をふってみた
たんぽぽ	かわさき　ひろし	・くりかえし：おーい ・ことばあそび：たぽんぽ　など
おれはかまきり	くどう　なおこ	・なりきり：おれは元気だぜ　など

3 発問づくりのポイント

① 課題性から論理性へ

　まずは，詩の特性をつかめるよう，「バスケットボール」を題材にした詩と作文（板書写真）を提示する。そして，「どちらがおもしろい？」と問い，どこがおもしろいか線を引いて，確認し，子どもが表現の違いに気付くことができるようにする。また，「きゅうり」「もやし」では，題名を隠して提示し，「題名は何だと思う？」と問い，詩の表現の工夫から題名を考えられるようにする。このように，詩の表現の工夫のよさを味わわせた上で，作文を提示し，「見付けた工夫を使って，書き換えることはできるか？」と課題性をもたせ，子どもを詩の世界へといざなう。

② 交流の必然性をつくる

　うまく書くことのできない子どもの悩みを机間指導の中で見取り，全体の場で，「どうしたら，伝えたいことが伝わるかな？」と工夫を使う意識を広げていく。そうすることで，詩の表現のよさを実感しながら詩を書くことができるようにする。また，書いた詩を交流し，「どこがその子らしいかな？」と問うことで，伝えたいことが伝わる喜びや友達の着眼点のよさを感じられるようにする。

4 単元の目標

- 詩独特の表現のよさやその人「らしさ」に気付き，見付けた工夫を使って，詩を書くことができる。
- 友達とともに，詩を読み合う楽しさを味わうことができる。

5 単元の計画（全3時間）

次	時	学習のめあて	ALの評価ポイント
一	1（本時）	・工夫して詩を書こう。	○詩と文とを比較・検討し，詩の表現の工夫とその効果をとらえることができる。
二	2	・ポエムコンサートでひろうする詩を書こう。	○お気に入りの詩をリライトし，「らしさ」の表れている，表現の工夫を感じながら詩を書くことができる。
	3	・ポエムコンサートを開こう。	○観客役と語り手役とに分かれ，「らしさ」を伝え合うことができる。

6 授業の流れ（第一次・第1時）

☆授業のねらい

詩の表現の特性をとらえ，「くりかえし」「様子をあらわすことば」などを用いて，楽しく詩を書くことができる。

☆授業の展開

①詩の特性をとらえる。（15分）

発問　どちらがおもしろい？

- 同じ題材「バスケットゴール」について書いた詩と文とを比較することで，詩の特徴に目を向けられるようにする。
- おもしろいと判断した根拠を問い，黒板に提示している文に線を引く。「行かえ」「みじかいことば」など，詩の特徴を押さえる。

発問　この詩の題名は何でしょう？

○「きゅうり」「もやし」の題名を隠して提示し，題名を考える。表現の工夫に目を向け，伝えたいことが伝わるよさを共有する。

発問　その子らしさが出ているのはどちらかな？　【軸となる発問】

- 「ペンペン草」の詩と作文とを比較することで，詩の表現の工夫「く

第4章　アクティブ・ラーニングを実現する詩・俳句・短歌の発問づくり

りかえし」「様子をあらわすことば」に目を向けられるようにする。
- これまで出てきたひみつを確認しながら，めあて「詩のおもしろさのひみつをつかって詩を書こう。」と板書する。

②自分らしさの表し方を話し合う。
（15分）

発問　どうすれば自分らしさが出るかな？

- 「たんぽぽ」を提示し，伝えたいことを伝えるために，どんなひみつを使えば自分らしさが表現できるかを問う。工夫の見通しをもたせたい。
- ひみつを具体的な表現にする場面では，周りの児童と相談しながら書いてもよいことを伝える。

③詩を書く。
（10分）

発問　○○さんらしさを出すには，どうすればいい？【再考する発問】

- 困っている子のお悩みを紹介し，解決方法をみんなで出し合う中で，詩の特性に気付くことができるようにする。
- どこをどう直したかを確認しながら，周りの子どもに，どのコツを使っているのかを問う。ひみつと表現の具体とを関連付けてとらえる。
- ひみつの用い方による違いを意図的に取り上げ，印象を問う。

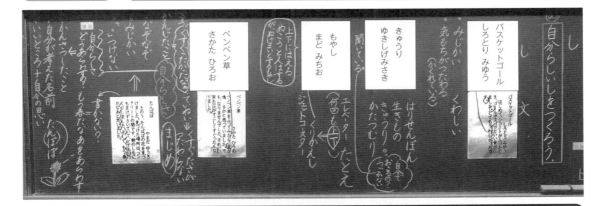

④振り返りを書く。
（5分）

発問　○○さんらしさが出ているところを振り返ろう。

○詩のよさを感じたり，自分や友達の着眼点のよさに気付いたりしている子を全体の場で取り上げる。詩を書くことの楽しさを実感させたい。

（山本侑子）

第 ③ 学年　「紙ひこうき」（東京書籍）

4 視点の変化と気持ちの変化をつなぐ

1　アクティブ・ラーニングを取り入れるポイント

　詩の学習では，場面の様子や人物の気持ちを思い浮かべながら音読で表現することが考えられる。詩のもつリズムを感じ取るとともに，様子や気持ちを読み，工夫して音読で表現することを通して，詩独特の表現方法を学ぶこともできる。また，音読だけではなく，表現方法を活かして身近に感じたことや様子が伝わるように自分の思いを詩で表現することもできるであろう。

　本教材「紙ひこうき」は，紙飛行機を作って飛ばしたという児童の多くが経験したことのある身近な題材を詩にしたものである。紙飛行機を飛ばした「ぼく」や，飛ばされた「紙飛行機」の様子や気持ちが，詩という短い表現の中に込められている。「ぼく」や紙飛行機の立場になって気持ちや情景を想像することで変化をとらえ，音読の工夫につなげていきたい。

① 　課題性について

　本実践の中心課題は，視点を定めて紙飛行機を飛ばす情景を想像することである。視点を定めることにより，紙飛行機に対する見方や気持ちなど，詩に込められた作者の思いをとらえるだけでなく，表現方法の工夫にも気付くことができるであろう。そのためには，「ぼく」の視点で紙飛行機の様子をイメージすることから始めることが重要である。そのイメージから紙飛行機に視点を移すことにより，今まで見えてこなかった表現の違いが明確になり，気持ちの変化をとらえることもできるであろう。

② 　論理性について

　論理性として着目したいのは詩の構成である。この詩は，3連で構成されている。第1連は紙飛行機が高い松の木の枝に引っかかる様子を表しており，次の連へつながる「きっかけ」である。第2連は枝の上で揺れている紙飛行機から母親に抱かれる子の様子を「連想」しており，第3連で母親に抱かれる子の連想から，木と紙の関係への「気付き」へとつながっていく。どのタイミングで「ぼく」の気持ちや紙飛行機の立場が変化するのかを考えることで，子どもたちは表現に着目して想像し，思考をともなう読みをすることができるであろう。

③ 　交流性について

　交流性でポイントになるのは比較である。自分の考えと友達の考えとの比較，人物の心情の比較，連の比較など，比較を行うことで違いが見えてくる。その違いから新たな考えが生まれ，課題となって吟味することで読みが深まることになる。本実践では，「ぼく」の視点に立って情景や気持ちを想像する場面ではペア学習を取り入れたい。自分の思いや考えをまずはしっかりもたせることで，友達はどんな考えをもっているのか知りたいと思えるように仕向けていきたい。

2 教材の構造

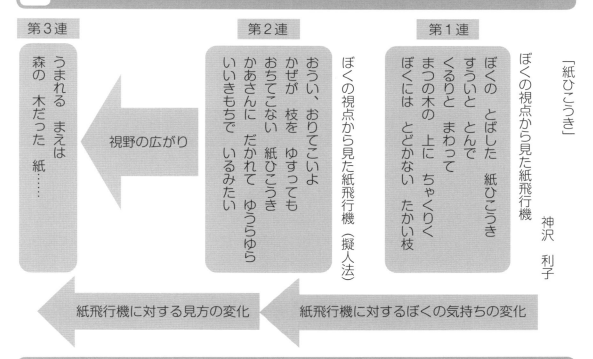

3 発問づくりのポイント

① 課題性から論理性へ

　本教材は，擬人法を用いて書かれている作品である。情景や気持ちを想像しながら表現方法をとらえて，その変化を音読で表現していく展開とする。紙飛行機がどのように飛んでいるのか，飛ばされた紙飛行機はどうなったのか，情景を想像することが課題性の発問のポイントとなる。ここでとらえたイメージを基盤に，各連ごとの紙飛行機の見方の変化や紙飛行機に対する気持ちの変化に着目させることで，論理性の発問づくりにつながっていく。具体的には，「おちてこない」と「おりてこない」の違いは何なのか，どうして２通りの表現で書かれているのかについて問う。また，２連と３連はどうつながるのか，つながりを意識させるための表現方法と３連のかかわりを子どもたちに投げかけたい。

② 交流の必然性をつくる

　紙飛行機の見方の変化や，それにともなう「ぼく」の気持ちの変化がとらえられない子どももいる。考えをもてても，「友達はおりてこいよとおちてこいよのどちらを選んだのだろう？」「このときの『ぼく』の気持ちでふさわしいのはどれだろう？」など，自分の思いと比べてみたい，知りたいといった友達と交流したくなるような発問をし，交流の場を設けて考えを深めさせたい。

4 授業の流れ

☆**授業のねらい**

「ぼく」の紙飛行機に対する言葉の違いについて考えることを通して，見方や気持ちが変化していることをとらえ，情景や想像したことが伝わるように工夫して音読することができる。

☆**授業の展開**

①音読し，気になった連について交流する。（5分）

発問　3つの連の中で，一番気になったのは何連ですか？

- 紙飛行機を作ったり飛ばしたりした経験を思い出させ，イメージを膨らませてから音読を行う。その後，この詩が3連からできていることを確認してから発問する。3つの連ではとらえ方が違うことに気付かせてからめあてを提示し，「ぼく」にとって紙飛行機がどんなものなのか意識させるようにする。

②第1連での紙飛行機に対する「ぼく」の気持ちを考える。（10分）

発問　「ぼくが」ではなく「ぼくの」と書いてあるのはなぜでしょう？
　　　ぼくにとって紙飛行機はどんなものなのでしょうか？

- 「ぼくが」と「ぼくの」を比較させることで，「ぼくの」の方がより所有物というとらえであることに気付かせたい。その際，視覚的にも子どもたちがとらえることができるように板書に示すようにする。その後，「ぼく」が見ている紙飛行機の様子を確認し，どうしてずっと紙飛行機を見ていたのか考えさせてから「ぼく」にとって紙飛行機はどんなものなのかを問う。

③言葉の違いについて考える。（13分）

発問　どうして「ぼく」は「おちてこいよ」ではなく「おりてこいよ」と言ったのでしょうか？　　【軸となる発問】

- 詩の中で唯一会話文であることを確認した後で，「ぼく」の紙飛行機に対する気持ちを考えさせる。その際，「統一するならどちらがよいか。」と問い，考えをノートに書かせてからペアで交流し，全体での発表を行う。さらに，「おちてこいよ」と「おりてこいよ」の違いを全体で考え，ぼくの見方が紙飛行機という「物」から「人」へと変わり，それに合わせて表現が変わっていることをとらえさせる。

第4章　アクティブ・ラーニングを実現する詩・俳句・短歌の発問づくり

④「ぼく」の紙飛行機に対する気持ちの変化を考える。（12分）

発問　「ぼく」が紙飛行機に再度声をかけるなら，何と言うでしょうか？　　　　　　　　　　　　　　　【再考の発問】

- まずは紙飛行機を「人」と見ている２連の紙飛行機の様子を全体で確認する。その後，「ぼく」が声をかけるならという設定で発問し，自分の考えと理由をノートに書かせる。その後，グループで交流し，よりふさわしいと思えるものを決定させてから各グループの意見を全体で交流する。全体での交流では，「ぼく」の紙飛行機に対する気持ちが，「戻ってほしい」から「気持ちよさそうだな」という気持ちに変化していることに気付かせ，母さんは誰か考えさせることで，３連とのつながりを意識させる。

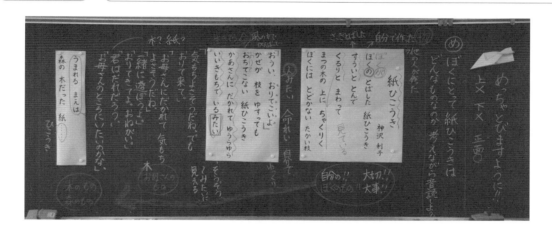

⑤紙飛行機に対するとらえの変化を考えながら音読する。（5分）

発問　「ぼく」にとって紙飛行機はどんなものなのでしょうか。

- 第１連では紙飛行機が「ぼくのもの」であったことを想起させてから学習の最後に同じことを問い，「ぼくのもの」から第２連で「母さんのもの」となり，第３連では「木，森のもの」と変化していることをとらえさせるようにする。また，この変化が本来の姿「うまれるまえは」につながっていることにも気付かせ，そのつながりが視覚的にもとらえることができるように板書に示すようにする。見方の変化で気持ちも変化していることを確認し，その変化のイメージをしっかりもたせ，それを伝えるつもりで音読を行うことができるようにする。

（小田真理恵）

第 ④ 学年　「一茶の俳句を読んで楽しもう」(光村図書)

5 作品同士を比べて読むことで味わう

1 アクティブ・ラーニングを取り入れるポイント

　小林一茶の俳句は，4年生でも内容を理解しやすい文語調の文体で書かれており，馴染みやすい。また，小動物に対する優しさ，哀れみの感情を表現した，児童が共感しやすい句が多い。
　本実践では，一茶の作品で小動物が出てきているものを子どもに提示する。それらの句を何度も音読して情景を思い浮かべながら，作品の共通性を見出す中で一茶の俳句の世界観に気付かせたい。一茶の作品を入り口にして，五七五の短い言葉の中に表されている作者のものの見方や感じ方に触れる楽しさを味わわせ，俳句を身近なものにさせたい。

① 課題性について
　多数の作品の中から小動物が登場する俳句に絞り，児童の思考を一茶の優しさや哀れみの情に焦点化させる。取り上げたそれぞれの句から一茶が，どのようなものの見方や感じ方をしているかを見出すことを通して，一茶の作品に共通するテーマを探ることができ，俳句の中に込められた思いを読み解くことができる。

② 論理性について
　ここで選んだ俳句には，蛙，雀，蝿，蛍のように小動物が出てくる。子どもは，作品に扱われた題材の共通性から，一茶は，小さな生き物に関心をもっているという気付きを導き出すであろう。扱った題材同士の関係性に着目させることで，作者の世界観を推論できるようにする。また，「秋風に　歩いて逃げる　蛍かな」では，夏に生きる「蛍」なのに「秋風」という言葉が使われている。さらに蛍の動きを表す言葉として，本来，「飛ぶ」がふさわしいと考えられるが，「歩いて逃げる」となっている。そのような一見，矛盾するような言葉の組み合わせに着目させ，その意図を探らせたい。そして，短い俳句の中に，そのような語と語の結び付け方から感動を引き起こすしかけがあることに気付かせていく。

③ 交流性について
　前半では，3つの句について情景を思い浮かべながら音読を繰り返す。そして，思い浮かべた情景について交流することで，クラス全体で3つの句のイメージを共有していく。中盤では，それぞれの句に含まれる語を拾いながら，3つの句はどれも一茶が小動物に働きかけているという共通性を見出し，クラス共通の思考の土台をつくる。その上で，「秋風に　歩いて逃げる　蛍かな」を通して読みを深め，先の3つの句とは異なる一茶の小動物への向かい方について子どもたちそれぞれの言葉で語り合わせたい。そして，最後に家族に紹介するために一番一茶の優しさの表れた句を選んで，選んだ理由をグループで交流させる。例えば，ある子どもがワー

クシートに「われと来て　遊べや親の　ない雀」を選んだ子どもが「親のいないさみしそうな雀を自分のように思って，なぐさめているところがとても優しくていいからです。」と理由を書く。それに対して友達から，「一茶の優しさを伝えるには，その句がいいと私も思ったよ！」などとコメントが書ける欄も用意しておく。そうすることで，一茶の句に対する互いの感じ方や考え方を交流できるようにさせたい。

2 教材の特性

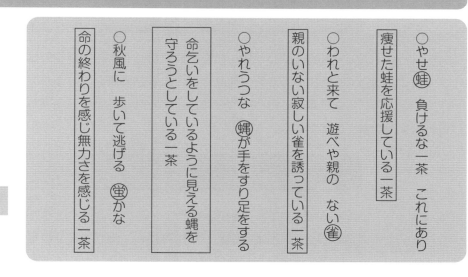

3 発問づくりのポイント

① 課題性から論理性へ

　俳句は，五七五という短い文に作者の感動が凝縮されている。今回は，同じ作者の複数の作品を比較することで，作者自身のものの見方・考え方にまで近付くことができ，より作品への興味を子どもがもてるようになることを意図した。そのために，「一茶の俳句に共通しているのは，どんなことですか。」と発問する。共通点を考えることが，作者の世界観を知りたいという課題に変わっていくことを期待している。

② 交流の必然性をつくる

　そして，3つの句から一茶の小動物への優しい気持ちや行動という共通性を見出した後，「秋風に　歩いて逃げる　蛍かな」に出合わせる。この句は，先の3つの句と比べて，小動物が出てくることは同じだが，他の句のように応援したり，誘ったり，守ったりなど，直接働きかけていない。そこで，「この俳句の中で，一茶がしていることは何でしょう。」と発問する。子どもは，答えに窮し，誰かの考えを聞いてみたくなるであろう。そこで，グループで話し合いを行い，様々に想像させながら考えを深めさせたい。

4 授業の流れ

☆授業のねらい

　小林一茶の俳句を，情景を思い浮かべながら音読し，作品同士を比べながら好きな句の理由を書くことを通して，俳句に親しむことができる。

☆授業の展開

①家族に紹介する俳句を選ぶために一茶の俳句を情景がわかるように意識して音読し，印象を述べ合う。
（10分）

発問　どうしてそのような読み方をしたのかな。

- 最初に「やせ蛙」「やれうつな」「われと来て」の俳句を順番に音読させながら，その都度，どのような情景を思い浮かべて音読したか理由を発表し合うことを通して，それぞれの俳句に描かれた様子を想像させる。

発問　どうして蝿を打ってはいけないと言っているのですか。

- 「やれうつな　蝿が手をすり　足をする」の俳句では，動作化をすることで，視点を蝿と一茶に変換し，蝿が手をすり足をする動作の一茶のとらえ方を想像させる。

②一茶の俳句の特徴を話し合う。
（15分）

発問　これらの俳句に共通しているのは，どんなことですか。
【軸となる発問】

- 句の中に出てくる生き物の見た目の大きさを比べることで，ここでの一茶の句には共通して小さな生き物が出てくることに気付くことができるようにする。

発問　一茶は小さな生き物に，どんなことをしているでしょうか。

- 一句ずつ取り上げ，一茶の行為を表す言葉を探させることを通して，「やせ蛙」には応援，「親のない雀」には誘い，「蝿」には守る行動をとっていることを理解させる。その上で，小動物をじっと見つめて俳句を詠んでいることに着目させ，その小動物に一茶自らが何かを働きかけているという共通点にも目を向けることができるようにする。

第4章　アクティブ・ラーニングを実現する詩・俳句・短歌の発問づくり

③「秋風に 歩いて逃げる 蛍かな」の句を提示し，一茶がしていることを話し合う。
（10分）

発問　音読をしていて変だなあと思うことはありませんか。

- 「秋風に　歩いて逃げる　蛍かな」の句を提示し，蛍の行動の理由を問う。語と語のつながりから矛盾を見出し，秋になり死期が近付いても健気に生きる蛍を哀れに思う気持ちを読み解いていく。

発問　この俳句の中で，一茶がしていることは何でしょう。
【再考する発問】

- 他の句では，小動物に働きかけていたが，この句では蛍に何もしていない。それを問うことで，死にゆくものには何もできないが，蛍の行動を見守り俳句に表して伝えていることに気付くことができるようにする。小動物に寄り添って見ているという，他の3つの句との共通点に気付かせながら，一茶の人物像を語らせたい。

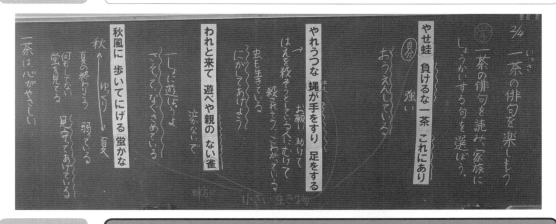

④家族に紹介する俳句を選び，選んだ理由を交流する。
（10分）

発問　一番一茶の優しさが表れた俳句はどれかな。

- 最後に，板書に書かれた一茶の小動物に対する思いや行動などを振り返らせる。それをもとに，一番一茶の優しさを感じる俳句を選び，その理由を書くことができるようにする。
- また，友達の書いた理由を読んでコメントを書いて交流させることで，自分のとらえた一茶のものの見方や感じ方を深めることができるようにする。

（原木希世子）

第 ⑤ 学年　「漢詩の授業　春暁・絶句」(光村図書)

6 子ども自らつぶやき，作者の思いに触れる

1　アクティブ・ラーニングを取り入れるポイント

　「漢詩」の学習は〔伝統的な言語文化と国語の特質に関する事項〕に属す。学習指導要領には，「親しみやすい漢文について，内容の大体を知り，音読すること（抜粋）」とあるが，音読して意味を知ることを教師主導で行ったのではアクティブ・ラーニングには成りえない。
　本実践では，自ら音読し，作者の心に思いをはせることを目的とする。慣れない漢詩だからこそ，インパクトのある詩を用いたい。今回は杜甫「絶句」，孟浩然「春暁」を中心に学習する。杜甫は，戦乱に見舞われた故郷を思い「絶句」を詠んだ。故郷に帰りたいという切実感にあふれている。杜甫の境遇と詩が結び付き，作者の思いに浸りながら読むことができるだろう。

① **課題性について**

　本実践の中心課題は，詩の形式を明らかにし，結句に表れる作者の思いを想像することである。また，文語調の書き下し文に慣れることでもある。そこで，漢詩の起句・承句・転句・結句をバラバラに示し，作者の思いを想像しながら並べ替える活動を設定する。そのためには，内容を把握しながら，音読してリズムを整えることが必要になる。また，転句・結句に焦点を絞り，作者の境遇を考え合わせて順番を判断することで，より強く作者の思いを想像する。句の並び替えという活動が，「作者の思い」と「表現する形」をつなぐもととなる。

② **論理性について**

　注目したいのは漢詩の形態である。五言絶句は起承転結の形をとっている。起句で語り起こし，承句で語りを受ける。転句で場面をガラッと転換し，結句で思いを表現する。カギとなるのは作者の思いへとつなぐ転句である。杜甫「絶句」では春の美しさを描く起句・承句から，その春が今年も過ぎ去ってしまう無情観を表す転句で場面を展開し，いつ故郷に帰ることができるかわからない不安を結句でまとめる。転句・結句を入れ替えたときに受ける変化と作者の境遇を考え合わせたとき，作者の思いがあらわになる。転句・結句を入れ替えて比較することが，深い思考を導くカギとなる。また，孟浩然「春暁」では，結句で落花の心配をしている。転句は，その原因となる風雨が描かれている。春の心地よさと，それらを打ち崩す風雨，そして落花を心配する作者の思いに触れることができるようにしたい。

③ **交流性について**

　本実践で大切にしたいことは，子ども自ら書き下し文を音読することである。グループによる並べ替えにより異なる考えが生まれた際，子どもたちは自分の意見を表明するとともに，文章を口ずさむ。自然と文語調の語り，漢詩のリズムに慣れていくことだろう。また，話し合う

中で作者の思いを強く意識させたい。そのためにも，はじめに結句が作者の思いを表すこと，その思いを表現するための並べ替えであることを強く意識させることが必要である。

2 教材の特性

杜甫・作「絶句」	
（起句）江碧鳥逾白	江 碧にして 鳥逾いよ白く
（承句）山青花欲然	山 青くして 花然えんと欲す
（転句）今春看又過	今春 看すみす又た過ぐ
（結句）何日是帰年	何れの日か 是れ帰年ならん

起句・承句では春の美しさを描く。転句では，一転して，春の過ぎ去る無情観となり，結句の帰郷への不安とつながる。自然美と不安が対照的に描かれる。

孟浩然・作「春暁」	
（起句）春眠不覚暁	春眠 暁を覚えず
（承句）処処聞啼鳥	処処 啼鳥を聞く
（転句）夜来風雨声	夜来 風雨の声
（結句）花落知多少	花落つること 知る 多少

起・承・結句は朝方の自身の行為である。転句は夜で主体は風雨。転句によりガラッと場面が変わる。また，風雨にさらされた庭花の心配へとつながる。

　起承転結が見事に表された漢詩である。結句にあふれる作者の思いを，転句をカギに探っていくことができる。杜甫「絶句」では起句・承句が対句となっており，まとまりを見付けやすい。孟浩然「春暁」は，転句のみが夜であり，自身の行為ではない。また，この風雨が結句の落花へとつながることを考えると，花の心配をする作者の心を想像しやすい。

3 発問づくりのポイント

① 課題性から論理性へ

　子ども自ら音読し，作者に思いをはせるための活動を仕組むことが課題性の発問づくりのポイントである。並び替える際には，作者がどんな思いで作詩したかを考えることが大切となる。作者が自分の思いを表現するために採った形はいかなるものか，という考えがわき起こったとき，詩の形に着目させることが論理性の発問づくりにつながる。転句・結句を入れ替えたときに受ける印象の違い，リズムの違いを表現させたい。さらに，杜甫の境遇を考え合わせたときに浮かび上がる帰郷への不安。作者の不安を表す結句と起承転結の形をつなぎ，その関係性を導き出したい。

② 交流の必然性をつくる

　友達の考えとズレが生じたとき，自分の意見を表明するため，友達の意見を確かめるために交流をする。今回は句の並び替えという活動を設定し，考えのズレを生み出す。その中で，子どもたち自身が自然と交流し，音読したり考えを深めたりする場を設定したい。

4 授業の流れ

☆授業のねらい
　杜甫「絶句」の並び替えを通して，作者の思いと起承転結の効果に気付き，詩の形とそこに込めた作者の思いについてまとめることができる。

☆授業の展開

①作者の思いを確認する。
（10分）

> 発問　作者の思いが強く表れているのは，どの句かな？

- 漢詩とは中国でできた詩であることを紹介する。
- 杜甫「絶句」をバラバラに提示し，書き下し文の音読をする。
- 作者の思いが強く表れている句を選び，「帰郷への強い思い」であることを確認する。

②バラバラになった杜甫「絶句」を並び替えて発表する。
（15分）

> 発問　どんな順番に並び替えたら，作者の思いがより伝わるかな？
> 【軸となる発問】

- 教師が短冊を操作し，どんな順番にしたらよいかという問いに対する思いを高める。
- 結句「何日是帰年」に表される作者の思いが，よりよく伝わる順番を考えるように発問する。また，問いをめあてとして板書する。
- グループによる話し合いを行う。その際，書き下し文でリズムを確認するよう促す。また，音読をする子どもが現れた際には，称賛し，文語調のリズムに慣れるようにする。
- ある程度，順番が固まったら，全体で発表の場を設ける。その際，他グループの順番で書き下し文を音読する。

> 発問　この中に，似ている句があるかな？

- 起句「江碧鳥逾白」承句「山青花欲然」が似ていることを発見した際にはよさを価値付け，一つのまとまりであることを確認する。
- 起句・承句から受ける印象を尋ね，自然の美しさを確認する。
- 転句・結句に焦点を絞るため，ここで起句・承句の順番については深入りせず，教師から紹介する。

第4章　アクティブ・ラーニングを実現する詩・俳句・短歌の発問づくり

③転句と結句を入れ替えて受ける印象の違いについて話し合う。
（10分）

発問　転句と結句を入れ替えて読んだとき，受ける印象が変わる？
【再考の発問】

- 転句→結句，結句→転句の順で音読する。どちらが印象が強いか尋ね，結句の印象が強まることを確認する。
  ・転句→結句の場合には，いつ帰郷できるかという不安
  ・結句→転句の場合，春が過ぎた残念な気持ち
- 杜甫の境遇を紹介し，帰郷への気持ちをより強く表したいことを確認し，結句に思いが表されることを板書する。
- ガラッと場面が変わった部分（転句）を尋ね，起句・承句で描いた自然の美しさと，転句・結句のマイナス感情との対比を意味付けたい。

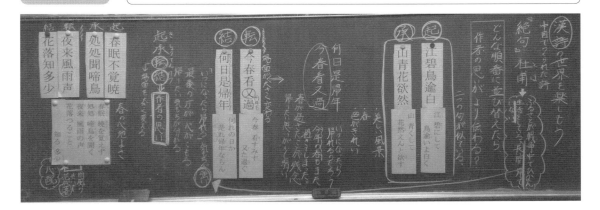

④「春暁」を音読して内容を把握し，起承転結と作者の思いについて話し合い，まとめを書く。
（10分）

発問　孟浩然「春暁」でも，同じ形になっているか確かめよう。
【活用する発問】

- 書き下し文と意味を音読し，大体の内容を把握する。
- ガラッと場面が転換する部分（転句）を尋ねる。
- 結句の作者の思いと転句とのつながりを尋ねるようにする。
- 「起承転結」「作者の思い」という語句を使ってまとめを書くよう指示する。
（例）作者の思いは，起承転結の結の部分に強く表される。転のところでは，前とガラッと場面が変わっている。
（例）起承転結で表すと，作者の思いがよく伝わってくる。結の部分に，作者の思いがある。

（木原剛柔）

第❻学年　「生きる」（光村図書）

❼ 詩の構造から読み深める

１　アクティブ・ラーニングを取り入れるポイント

　本教材は，第１連では感じること，第２連では美的なものとの出会い，第３連では自由というように，作者にとっての「生きる」ということの意味が５つの連で表現してある。
　本詩では，第１連に「あなたと手をつなぐこと」，第５連で「あなたの手のぬくみ」と「あなた」という共通した言葉で表現されている。この「あなた」という言葉でつながれた２つの表現の違いを第１時で決めたそれぞれの連の題名を鍵として比較・検討していくことで，作者が詩に込めたメッセージを読み取らせたい。

①　課題性について

　この詩には，様々な「生きる」が表現されている。しかし，「生きる」ことの豊かさや深さを感じるとともに，この詩の中心のメッセージをつかむことがその情報の多様性から子どもにとっては容易ではないことが予想される。そこで，「この詩は何を伝えたいのかな」という子どもの問いを大切にし，「作者の伝えたいことの中心」をとらえることを中心課題として，この詩の世界へと誘いたい。

②　論理性について

　本授業では連について着目したい。１つ目は，連のまとまりである。この詩では，それぞれの連に「生きる」姿が描かれている。そこで，第１時では「〜ということ」の文末で表された「生きる」イメージの言葉をつなげて，それぞれの連に題名を付けさせる。このような活動を通して，それぞれの連の「生きる」ことの内容を浮き彫りにし，作者の伝えたいことの中心を見付けるための判断材料としていく。
　２つ目は，連のつながりである。第１連の最後「あなたと手をつなぐこと」という一節は，第５連の最後「あなたの手のぬくみ　いのちということ」につながっており，他の連は，それら２つの連にはさまれている。また，詩の題名である「生きる」ともっとも近い意味の「いのち」という言葉が第５連にあることから，作者の伝えたいことの中心は第５連にあると考えられる。連同士の構造的なつながりを糸口にして，作者の伝えたいことの中心をとらえさせたい。

③　交流性について

　作者の伝えたいことの中心に迫った後で「あなたの手のぬくみ」を自分の言葉で書き表し，グループで交流する。子どもたちそれぞれの様々な体験をもとにした表現の交流により，「あなたの手のぬくみ」のとらえ方がより深いものになっていくであろう。

第4章　アクティブ・ラーニングを実現する詩・俳句・短歌の発問づくり

2　教材の構造

「生きる」　谷川　俊太郎

←「あなた」「手」という共通性→

第1連…体で感じる感覚
「それはのどがかわくということ」
「木もれ陽がまぶしいということ」
「あなたと手をつなぐこと」

第2連…美しいものとの出会い
「それはミニスカート」
「それはプラネタリウム」

第3連…感情で表現できる自由
「泣けるということ」
「笑えるということ」

第4連…「いま」という瞬間を共有する世界
「いま遠くで犬がほえるということ」
「いま地球がまわっているということ」

第5連…「いのち」のさまざまなありよう
「鳥ははばたくということ」
「海はとどろくということ」
「あなたの手のぬくみ」
「いのちということ」

3　発問づくりのポイント

①　課題性から論理性へ

　子どもが作者の伝えたいことの中心に迫っていくために，「作者が一番伝えたいことが書いてある連はどれだろう。」と発問して連に焦点を当てることにする。そうすることで子どもが目を付けるポイントが明確になり，「どの連を選べばよいのか」というように思考・判断がしやすくなる。また，連を意識させることで，それぞれの連にある言葉のまとまりが示す意味や，連同士の関係を探る活動への流れをつくることができる。

②　交流の必然性をつくる

　作者の伝えたいことの中心を読み取る上で重要なキーワードが，第1連と第5連に出てくる「あなた」である。このキーワードを自らに引き寄せて考えさせるために，「自分が生きる中での『あなたの手のぬくみ』とは何だろう。」と発問する。個人で考えた「あなたの手のぬくみ」を書き表す際，「あなた」が誰で，どのようなつながりがあり，なぜその体験を選んだのか理由を書くという条件で形式を設定することで，交流の際，比較しやすいようにする。

4　単元の目標

・連の構造から作者の伝えたいことを読み取ることができる。
・自分の考えが伝わるように声を出して読むことができる。

5 単元の計画（全3時間）

次	時	学習のめあて	ALの評価ポイント
一	1	・それぞれの連に題名を付けよう。	○題名をグループで比較・検討し，それぞれの連の内容をとらえることができる。
	2（本時）	・伝えたいことの中心を見付けよう。	○連の構造から作者の伝えたいことを読み取ることができるようにする。
二	3	・自分たちの考えが伝わるように群読しよう。	○抑揚を付けたり間を意識したりして，自分たちの考えを群読で表すことができる。

6 授業の流れ（第一次・第2時）

☆授業のねらい

　つながりの深い連を見付けることを通して，筆者が伝えたい「生きる」ことの意味について読み取ることができる。

☆授業の展開

①詩から作者の伝えたいことが書いてある連を見付ける。（15分）

発問　谷川さんが一番伝えたいことが書いてある連はどれでしょう？
【軸となる発問】

- まず，群読を目的に本時で読み深めていくことを確認して発問する。
- 作者が一番伝えたい連を探すことを意識させてから音読させる。その後，その連を選んだ理由を問い，理由をノートに書かせる。
- 次に，全体での話し合いを受けて，前時に決めた題名とのかかわりから「いのち」という言葉に着目させ，第5連の重要性に気付かせる。

②連同士のつながりの意味について話し合い，作者の伝えたいことの中心を導き

発問　人はどのようにして「いのち」を感じると作者は言っていますか？

- 第5連の鳥やかたつむりの「いのち」の感じ方と人の「いのち」の感じ方を比較させ，人とのつながりによる「いのち」に気付かせる。
- 「あなたの手のぬくみ」と似ている言葉を探すことを意識させて再度音読させる。そして，第1連の「あなたと手をつなぐこと」と第5連の「あなたの手のぬくみ」のつながりに目を向けさせる。

第4章 アクティブ・ラーニングを実現する詩・俳句・短歌の発問づくり

出す。
(20分)

発問 「あなたと手をつなぐこと」と「あなたの手のぬくみ」というつながりには，どんな意味が込められているでしょう？

・繰り返し出てくる内容は重要である。しかし，重要であることの理由はつかみにくい。そこで，実際に友達同士で手をつながせ，手のぬくみについての感想を発表させ，「手のぬくみ」の重要性をとらえさせたい。

発問 「いのち」と「あなたと手をつなぐこと」「あなたの手のぬくみ」は，つながっていますか？

・「人は愛するということ」等の他の言葉も関連させながら考えさせることで，人とのつながりの中に「いのち」の意味を見出している作者の立場に気付かせたい。そして，第5連の重要性を再確認させたい。

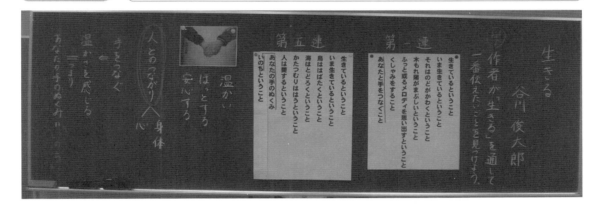

③「あなたの手のぬくみ」とはどういうことか自分の言葉で書き表し交流する。
(10分)

発問 自分が生きる中での「あなたの手のぬくみ」とは何でしょうか？
【再考する発問】

・「風邪で咳き込んで背中をさすってもらったとき」「親と一緒に手をつないで家に帰ったとき」など，「あなたの手のぬくみ」を感じたときの事例を引き出し，自分の言葉で書き表しやすくする。心のつながりも人とのつながりであることを押さえたい。
〈子どもの作品例〉
　友達が私の悩み相談に乗ってくれたとき，私のことを本当に心配してくれているんだと感じて心が温かくなった。

(安達孝典)

コラム③ 音読にも発問を…「課題性」を高めるアイデア

　詩・短歌・俳句では，音読を通して読みを深める展開が考えられます。その際，「作品のメッセージが伝わるように音読しよう」というめあてを子どもにもたせることが考えられます。ここで重要なのは，「どの部分を，どのように工夫して読めば，作品のメッセージがよく伝わるか」という課題意識を発問でもたせることです。

　ここでは，「おおきくなあれ」（阪田寛夫）を取り上げます。この詩には，雨のしずくに当たってブドウやリンゴが豊かに，甘く，美しく実ってほしいという願いが込められていると考えます。そのようなメッセージを音読で表現させるためには，どの部分にどのように着目させたらよいでしょうか。

　まずは，ブドウでもリンゴでも使われている「はいれ」という言葉です。教師が，「はいれ」の代わりに，例えば「あめの　つぶつぶ　ブドウに　あたれ」「あめの　つぶつぶ　リンゴに　ささされ」のように，「あたれ」や「ささされ」を挿入して範読します。子どもは，「おかしい」と反応します。それに対して「どうして『あたれ』や『ささされ』ではいけないのですか？」と発問します。そうすることで，雨粒の果実へのやさしい接し方のイメージを子どもが意識し始めます。

おおきくなあれ 　　　　　　　さかた　ひろお あめの　つぶつぶ ブドウに　はいれ ぷるん　ぷるん　ちゅるん ぷるん　ぷるん　ちゅるん おもくなれ あまくなれ あめの　つぶつぶ リンゴに　はいれ ぷるん　ぷるん　ちゅるん ぷるん　ぷるん　ちゅるん おもくなれ あかくなれ （光村図書2年）

　次に，「この詩では何がどうなってほしいと言っているのですか？」と問います（「軸となる発問」）。子どもは，ブドウやリンゴが，「おもくなってほしい」「あまくなってほしい」等，語り手の願いの部分に着目した答えを言います。そこで，それらの部分を「どのように読んだらよいですか？」と発問することで，この詩の願いを表現させます。

　また，この詩には，「ぷるん　ぷるん　ちゅるん」という雨粒が果実に入る様子を表すオノマトペが繰り返し出ているという特徴があります。そこで，「この詩の雨粒の入り方は，どんな感じでしょうか？」（「再考する発問」）と問います。すると，子どもは，「ゆっくり入るのかなあ」「速く入るのかなあ」等とつぶやき，それをもとに「ぷるうん　ぷるうん　ちゅうるうん」とゆっくり読んだり，「ぷるん」「ぷるん」「ちゅるん」と区切って速く読んだりして，詩のイメージに合った読み方を目指し，様々に試して交流し，楽しく豊かに表現するようになるのです。

　授業の終わりには，「たくさん音読して，とても重くて甘いくだものが育った気がします。」「『ぷるん　ぷるん　ちゅるん』の部分を雨粒がたっぷり入るようにゆっくり読みました。」等の振り返りの言葉が生まれます。

　このように，メッセージにつながる言葉や特徴的な表現に着目した「課題性」を意識した発問が，音読を内容の深い理解へとつなげていくのです。

（長安邦浩）

おわりに

　本書の執筆陣は，中国・国語教育探究の会（略称「中国・探究の会」）の会員で構成されている。中国・探究の会は，平成7（1995）年に結成され，本書の編著者である香月正登氏と長安邦浩氏が牽引役となって，月例会と研究大会を中心に，国語科授業力の向上のために活動を展開している。本会は，これまでに，『個が生きる国語科学習材の開拓』（1999年，明治図書）と『〈対話〉をキーワードにした国語科授業の改革』（2003年，明治図書）を出版し，それ以後，次のような3年毎のテーマ・視点で実践研究を展開してきた。
　　・子どもの学びを保障する対話学習　〜交流性を視点として〜
　　・授業改善のための学習課題と発問のあり方　〜課題性を視点として〜
　　・教材の特性を生かした言語活動の展開　〜教材の特性を視点として〜
　　・自分の考えを形成する国語科授業づくり　〜論理性を視点として〜
　そして，この度，これまで累積した実践研究の成果をもとに，子どもたちの思考をアクティブに活性化し質の高い学びを保障するために，課題性・論理性・交流性の3つを視点とした「アクティブ・ラーニングの国語科授業づくり」を提案したのが本書である。
　本書の最大の特徴は，次の3点から，アクティブ・ラーニングの授業過程の実現を図っていることにある。
　　＊教材の特性（書き手の読み手への働きかけの工夫）をもとに課題性・軸となる発問を吟味し，「主体的な学びの過程」をつくる。
　　＊教材の特性をもとに交流性・かかわり合いを吟味し，「対話的な学びの過程」をつくる。
　　＊教材の特性をもとに論理性・再考する発問を吟味し，「深い学びの過程」をつくる。
　そして，主体的で対話的な学びと深い学びとが融合していく過程で，教材の仕組みが見えてきたり，人物や場面の新たなイメージが浮き彫りになったりする授業の実現を図っている。これからの授業は，教材の特性をもとに論理性を明確にし，授業者自らが読み方（読解方略）を自覚化して，子どもたちに読み方の自覚を促して方法知へと高めていくことが，ますます重要になると考える。
　中国・探究の会は，昨年（2015年）に，20回記念国語教育実践研究大会を開催し，今年（2016年）で，21年目の佳節を迎えている。本書の刊行が，中国・探究の会の新たなステージへの跳躍板となって，各会員の先生方が，『授業へのロマン，実践へのアイデアと論理性』をもって，より質の高い国語科の授業実践に果敢に挑戦していくことを願ってやまない。
　本書が，「アクティブ・ラーニングの国語科授業づくり」の手引き書となると確信しているが，読者各位には，忌憚のないご意見，ご批正等をお願い申し上げる次第である。

中国・国語教育探究の会　尾川佳己

【編著者紹介】

香月　正登（かつき　まさと）
1967年（昭和42年）福岡県生まれ。山口大学大学院修士課程修了。現在，下関市立安岡小学校勤務。中国・国語教育探究の会事務局長を務める。

長安　邦浩（ながやす　くにひろ）
1966年（昭和41年）山口県生まれ。山口大学大学院修士課程修了。山口大学教育学部附属光小学校，山陽小野田市立高千帆小学校教頭等を経て，現在，周南市教育委員会学校教育課勤務。

【著者紹介】

中国・国語教育探究の会
平成7年発足。中国地方の実践者，研究者で活動。本年21年目を迎える。中洌正堯顧問（元兵教大学長），長崎伸仁代表（創価大）を全体の指導者とし，大阪，東京，九州，名古屋の各地区と切磋琢磨しながら理論と実践の融合を目指している。著書に『個が生きる国語科学習材の開拓』（明治図書　1999.5），『〈対話〉をキーワードにした国語科授業の改革』（明治図書　2003.12）がある。

尾川　佳己	中国・国語教育探究の会代表
香月　正登	山口県下関市立安岡小学校
長安　邦浩	山口県周南市教育委員会
花岡　鉄平	山口県周南市立櫛ヶ浜小学校
上山　伸幸	中国学園大学子ども学部
岸本憲一良	山口大学教育学部
阿蘇真早子	広島県広島市立天満小学校
後藤由美恵	山口県立宇部総合支援学校
白坂　洋一	筑波大学附属小学校
田中　健規	山口大学教育学部附属光小学校
槙原　宏樹	広島県尾道市立高須小学校
中野登志美	広島大学大学院教育学研究科
叶井　晴美	山口県岩国市立川下小学校
住江めぐみ	山口大学教育学部附属光小学校
松本　英一	山口県萩市立見島小学校
小泉　芳男	広島県広島市立江波小学校
三井　竜彦	山口県山口市立小郡南小学校
中村　正則	山口県周南市立徳山小学校
大澤八千枝	広島県三次市立十日市小学校
山本　侑子	山口大学教育学部附属山口小学校
小田真理恵	山口県周南市立秋月小学校
原木希世子	山口県山陽小野田市立高千帆小学校
木原　剛柔	山口県長門市立仙崎小学校
安達　孝典	山口県山陽小野田市立高千帆小学校

3つの視点で実現する！
小学校国語科アクティブ・ラーニング型発問づくり
―「自分の考え」を育てる読みの授業の新提案―

2016年7月初版第1刷刊　Ⓒ編著者　香月正登・長安邦浩
2017年1月初版第2刷刊　著　者　中国・国語教育探究の会
　　　　　　　　　　　　発行者　藤　原　光　政
　　　　　　　　　　　　発行所　明治図書出版株式会社
　　　　　　　　　　　　http://www.meijitosho.co.jp
　　　　　　　　　　　　（企画）木山麻衣子（校正）㈱東図企画
　　　　　　　　　　　　〒114-0023　東京都北区滝野川7-46-1
　　　　　　　　　　　　振替00160-5-151318　電話03(5907)6702
　　　　　　　　　　　　ご注文窓口　電話03(5907)6668
＊検印省略　　　　　　　組版所　共同印刷株式会社

本書の無断コピーは，著作権・出版権にふれます。ご注意ください。

Printed in Japan　　　　　ISBN978-4-18-252820-0
もれなくクーポンがもらえる！読者アンケートはこちらから→